"互联网+"新形态财会类大数据专业系列教材

智能会计综合实训

陆培中　秦常娥◎主　编
位　雪　刘　倩　鲍　骏◎副主编

电子工业出版社
Publishing House of Electronics Industry
北京·BEIJING

内 容 简 介

本书以一个工业企业的经济业务为原型，选用国内领先的互联网财税平台柠檬云财务软件，重点介绍了利用云计算环境下的新一代智能财务信息软件完成企业综合财务业务的操作流程和处理方法。本书精心设置了 73 个典型工作实例和 68 笔经济业务，并提供了原始票据。全书经济业务的税率和财务处理符合国家财政部、国家税务总局颁布的最新政策要求，符合实际财务工作要求。

本书共分为五个项目，项目一介绍了企业基本概况、会计岗位及内部会计制度、云财务软件认知等相关内容；项目二至项目三是对企业建账、业财期初数据的实际处理；项目四至项目五则是关于企业经济业务会计处理、财务报表编制与纳税申报的具体实施内容。

本书工作实例附有参考答案、操作录屏等教学资源，并以二维码的形式呈现在书中。本书可作为高等院校、职业院校财经类专业会计综合实训教学用书，亦可作为会计实务工作者的参考用书。

未经许可，不得以任何方式复制或抄袭本书之部分或全部内容。
版权所有，侵权必究。

图书在版编目（CIP）数据

智能会计综合实训 / 陆培中，秦常娥主编. —北京：电子工业出版社，2023.12
ISBN 978-7-121-46936-7

Ⅰ.①智… Ⅱ.①陆… ②秦… Ⅲ.①会计信息－财务管理系统 Ⅳ.①F232

中国国家版本馆 CIP 数据核字（2023）第 248438 号

责任编辑：贾瑞敏
印　　刷：三河市双峰印刷装订有限公司
装　　订：三河市双峰印刷装订有限公司
出版发行：电子工业出版社
　　　　　北京市海淀区万寿路 173 信箱　　邮编 100036
开　　本：787×1092　1/16　印张：9.5　字数：243.2 千字
版　　次：2023 年 12 月第 1 版
印　　次：2023 年 12 月第 1 次印刷
定　　价：38.00 元

凡所购买电子工业出版社图书有缺损问题，请向购买书店调换。若书店售缺，请与本社发行部联系，联系及邮购电话：(010) 88254888，88258888。
质量投诉请发邮件至 zlts@phei.com.cn，盗版侵权举报请发邮件至 dbqq@phei.com.cn。
本书咨询联系方式：(010) 88254019，jrm@phei.com.cn。

前言
PREFACE

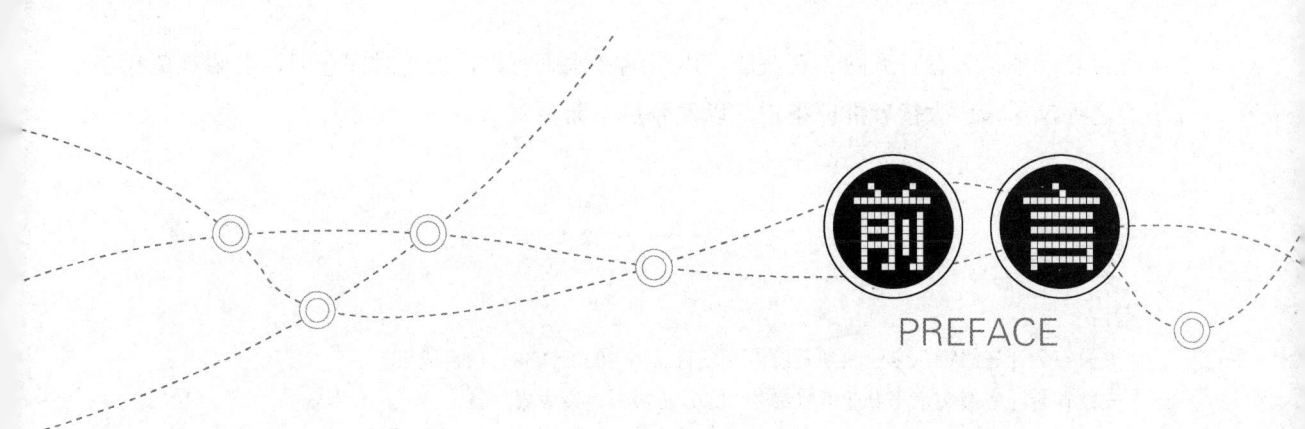

为进一步深入贯彻落实党的二十大精神，适应经济社会发展新形势，帮助更多高等职业院校财务会计类专业落实新版专业目录调整后的教学改革与课程数字化升级需要，更好地适应职业教育发展的新情况，我们精心设计、全力打造了这本适应数智时代财务会计类专业教学的《智能会计综合实训》教材。

本书深入贯彻落实党的二十大精神，以习近平总书记关于职业教育工作和教材建设工作的重要指示批示精神为指引，全面贯彻党的教育方针。本书以培养财务业务能力为主线构建课程案例，强化课程的实践性，以财务工作岗位技能需求为导向，强调"教、学、做"一体化，注重学生职业技能培养，本书有以下特点。

1. 对标新专业、新标准、新课程。本书以智能财务数字化应用场景为切入点，积极落实新版专业目录调整后财务会计类专业建设的新形势，较好地适应了新专业、新课程的的数字化升级与改造要求，着力增强学生应用智能会计信息化系统的能力。

2. 产教融合、校企双元开发。本书通过与企业合作，以真实工业企业经济业务为原型，借助互联网财税平台柠檬云财务软件，从企业实际应用出发，通过一个个工作实例，由浅入深地介绍了智能财务环境下企业各项会计业务的处理方法和处理流程。

3. 契合新准则、新税率。本书以国家财政部、国家税务总局最新颁布的新准则、新税率为编写依据，紧跟形势变化，与时俱进。

本书由陆培中、秦常娥担任主编，具体编写分工如下：项目一由陆培中编写，项目二由刘倩编写，项目三由秦常娥编写，项目四由位雪、鲍骏编写，项目五由位雪编写，容诚会计师事务所（特殊普通合伙）业务总监、注册会计师朱浩提供了部分典型案例。全书由陆培中、秦常娥负责统稿整理。在本书编写过程中得到了深圳易财信息技术有限公司的大力支持，在此深表谢意。

为了更好地辅助教学，本书还提供了教学课件、参考答案、操作录屏等相关教学资源，读者可登录华信教育资源网免费获取。由于编者水平有限，加之时间仓促，书中难免存在不足之处，恳请广大读者批评指正，以便今后不断完善。

编　者

注：
安徽省会计省级特色专业教学资源库（项目编号 2020zyk38）项目成果
安徽省会计省级高水平专业群（编号 2020zyq79）建设成果

目录 CONTENTS

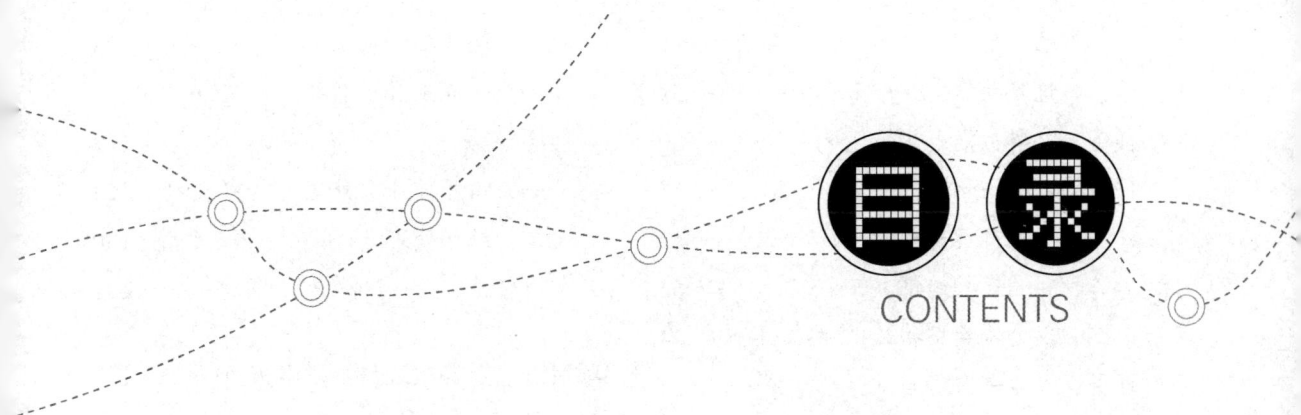

项目一 企业基本概况及财务工作认知 …1

学习目标 ………………………………… 1
项目引例 ………………………………… 1
任务一 了解企业基本概况 …………… 2
任务导言 ………………………………… 2
 一、企业简介 ………………………… 2
 二、企业基本资料 …………………… 2
任务二 会计岗位及内部会计制度
    认知 …………………………… 3
任务导言 ………………………………… 3
 一、会计岗位设置 …………………… 3
 二、内部会计制度 …………………… 3
任务三 云财务软件认知 ……………… 4
任务导言 ………………………………… 4
 一、柠檬云财务软件主要功能 ……… 5
 二、柠檬云财务软件注册与智慧工具
   部署 ………………………………… 5
项目总结 ………………………………… 6

项目二 建账与基础信息设置 ………… 7

学习目标 ………………………………… 7
项目引例 ………………………………… 7
任务一 建立账套 ……………………… 7
任务导言 ………………………………… 7
 一、新建账套 ………………………… 8
知识拓展 ………………………………… 8
 二、调整会计准则 …………………… 9
任务二 设置业务基础信息 …………… 10
任务导言 ………………………………… 10
 一、权限设置 ………………………… 10
 二、辅助核算设置 …………………… 11
任务三 设置财务基础信息 …………… 20
任务导言 ………………………………… 20
 一、设置会计科目 …………………… 20
知识拓展 ………………………………… 42
 二、设置账户与收支类别 …………… 42
知识拓展 ………………………………… 43
项目总结 ………………………………… 45

项目三 数据初始化和试算平衡 ……… 46

学习目标 ………………………………… 46
项目引例 ………………………………… 46
任务一 期初数据录入 ………………… 46
任务导言 ………………………………… 46
 一、录入会计科目期初余额 ………… 47

二、录入现金日记账与银行存款日
　　　　记账初始化余额 …………… 59
任务二　财务报表初始化 ………… 60
任务导言 …………………………… 60
　　一、资产负债表初始化 ………… 61
　　二、利润表初始化 ……………… 62
　　三、现金流量表初始化 ………… 64
任务三　数据核对与试算平衡 …… 64
任务导言 …………………………… 64
　　一、核对资金账户与会计科目账户
　　　　数据 …………………………… 64
　　二、试算平衡 …………………… 65
项目总结 ……………………………… 66

项目四　企业经济业务会计处理 ……… 67

学习目标 ……………………………… 67
项目引例 ……………………………… 67
任务一　日常经济业务 …………… 67
任务导言 …………………………… 67
　　一、日常经济业务内容 ………… 68

　　二、会计处理要求 ……………… 123
任务二　期末经济业务 …………… 123
任务导言 …………………………… 123
　　一、结账前业务处理 …………… 124
　　二、结账处理 …………………… 130
项目总结 ……………………………… 131

项目五　财务报表与纳税申报 ……… 132

学习目标 ……………………………… 132
项目引例 ……………………………… 132
任务一　财务报表编制与分析 …… 133
任务导言 …………………………… 133
　　一、资产负债表编制与分析 …… 134
　　二、利润表编制与分析 ………… 136
　　三、现金流量表编制 …………… 136
任务二　纳税申报 ………………… 139
任务导言 …………………………… 139
　　一、增值税纳税申报 …………… 139
　　二、企业所得税纳税申报 ……… 144
项目总结 ……………………………… 145

项目一

企业基本概况及财务工作认知

学习目标

知识目标： 了解企业的基本概况；

熟悉企业会计岗位设置、内部会计制度及财务工作流程。

能力目标： 掌握云财务系统主要功能；

掌握柠檬云财务软件注册与智慧工具部署。

素养目标： 依法依规操作云财务软件系统；

加强财务资料涉密管理，保障企业数据安全；

开展会计法律制度宣传教育，增强学生法治观念，提高学生规范执业的思想自觉性。

项目引例

随着经营规模的扩大，企业业务工作越来越繁杂，日常生产经营的数据核算工作也越来越繁重。为了提高财务工作效率，合肥市美嘉针织有限公司决定开展企业会计信息化改造，拟采用云财务软件来开展企业财务核算。为更好地进行云财务系统部署与实施，公司财务部组织召开研讨会，征集实施意见。作为企业财务人员，应该考虑哪些问题呢？

思考：

（1）什么是云财务软件？

（2）相对于传统会计信息化软件，云财务软件有哪些优缺点？

（3）市场上有哪些云财务软件？

（4）如何给企业选择合适的云财务软件？

带着这些问题，让我们进行本项目的学习。

任务一　了解企业基本概况

任务导言

企业财务工作不是空中楼阁，财务数据来源于业务经营，作为企业财务工作人员，要充分了解企业的基本概况、组织机构、内部管理制度、产品工艺等情况，在此基础上，才能更好地将财务工作与业务工作融合起来，提高财务工作质量与工作效率。

一、企业简介

合肥市美嘉针织有限公司成立于 2015 年 07 月 01 日，公司内设部门包括总经办、财务部、采购部、仓储部、食堂、销售部、研发部、生产部。公司主要从事棉混纺针织布、尼龙混纺弹力针织布的加工制造与销售，公司生产主要原材料包括锦纶高弹丝 40D、锦纶高弹丝 70D、锦纶光丝 40D、锦纶光丝 70D、涤纶丝 50D、涤纶丝 68D、氨纶丝 30D、氨纶丝 40D、氨纶丝 70D、棉纱 CF40 等。生产制造的美嘉牌 A 类棉混纺针织布、B 类棉混纺针织布、A 类尼龙混纺弹力针织布、B 类尼龙混纺弹力针织布行销全国，在省域内拥有较高的市场占有率。

二、企业基本资料

公司名称：合肥市美嘉针织有限公司
公司地址：合肥市经济开发区繁华大道 126 号
公司注册资本：人民币 1200 万元
公司法定代表人：王明睿
电话：0551-63962568
社会信用代码：91340300682535479W
公司账户信息
开户行：中国建设银行合肥市经济开发区支行（基本户）
账号：34030618742852246827
开户行：中国建设银行合肥明珠广场支行（一般户）
账号：34011000898765622599
企业在银行的预留印鉴为财务专用章+法人章。

任务二 会计岗位及内部会计制度认知

任务导言

企业的会计岗位设置和内部会计制度既要符合会计法规要求，也要根据企业实际情况合理制定。科学合理的会计岗位，有利于明确工作职责，提升工作效率；严谨规范的内部会计制度，可以提升企业财务管理质量，降低内部控制风险，增强对企业业务的支撑作用，提升企业管理效益。

一、会计岗位设置

公司一般单独设置财务部门，财务部门又设置会计主管、审核会计、成本会计、资金出纳四个工作岗位，各岗位具体分工如下。

会计主管岗：负责组织和管理公司的会计工作、进行全面预算、短期经营决策、长期投资决策；负责审核记账凭证、对账、编制财务报表、编制纳税申报表及纳税申报；负责组织财产清查；负责保管公章；负责组织实施会计信息化工作；负责会计档案的整理和保管等。

成本会计岗：负责产品成本核算，负责填制成本计算原始凭证、编制成本业务记账凭证；负责编制成本报表、进行成本分析等。

审核会计岗：负责审核原始单据；负责编制除产品成本业务之外的其他业务的记账凭证；负责保管财务专用章及发票专用章。

资金出纳岗：负责办理库存现金、银行存款收款、付款业务；负责保管库存现金、有价证券等；负责登记库存现金、银行存款日记账；负责配合清查人员进行库存现金、银行存款清查，同时负责保管法人章。

二、内部会计制度

（1）公司以人民币为记账本位币（核算中金额计算保留至分位），记账文字为中文。

（2）公司为增值税一般纳税人，销售产品增值税税率为13%；公司当期取得的增值税专用发票，按照现行增值税制度规定准予抵扣的，均于当期一次性抵扣。

公司适用的城市维护建设税税率为7%，教育费附加征收率为3%，地方教育附加征收率为2%；按规定代扣代缴个人所得税；企业所得税税率为25%，并假设这一税率适用于未来可预见的期间，公司不享受其他税收优惠政策。企业所得税的核算采用资产负债表债务法。企业所得税缴纳采用按季预缴，按年汇算清缴的方式。（公司以前年度的企业所得税已进行汇算。）

（3）公司原材料、周转材料、库存商品采用实际成本法与数量金额式组织日常核算，发出原材料、周转材料、库存商品采用全月一次加权平均法计价。

原材料发出业务，于月末根据领料单编制发料凭证汇总表，汇总进行原材料出库业务的总分类核算。

（4）坏账损失的核算。公司应收账款坏账准备采用账龄分析法估计，其他的应收款项不计提坏账准备。不同账龄计提坏账准备的比例：未到期：0.00%；逾期 1~90 天：2%；逾期 91~270 天：4%；逾期 271~360 天：6%；逾期 361~540 天：10%；逾期 541~720 天：12%；逾期 720 天以上：15%。

（5）公司固定资产折旧、无形资产摊销均采用年限平均法。固定资产折旧方法和无形资产摊销方法与税法规定一致。固定资产预计净残值率为 4%，无形资产无净残值。

（6）公司按有关规定计算缴纳社会保险费和住房公积金。基本社会保险及住房公积金以上一年度职工月平均工资为计提基数，计提比例如下：基本养老保险为 24%，其中企业承担 16%，个人承担 8%；医疗保险为 12%+3 元，其中企业承担 10%，个人承担 2%+3 元，3 元进入大病统筹基金；失业保险为 1%，其中企业承担 0.8%，个人承担 0.2%；工伤保险为 0.2%，全部由企业承担；生育保险为 0.8%，全部由企业承担；住房公积金为 24%，其中企业承担 12%，个人承担 12%。

公司由个人承担的社会保险费、住房公积金在缴纳时直接从"应付职工薪酬——短期薪酬（工资）"明细账中冲销，不通过"其他应付款"账户进行核算。

（7）公司职工福利费和职工教育经费不预提，按实际发生金额列支；工会经费按应付工资总额的 2%比例计提；工会经费按月划拨给工会专户。

（8）公司根据有关规定，每年按当年净利润（扣减以前年度未弥补亏损后）的 10%计提法定盈余公积，不计提任意盈余公积。

（9）公司采用品种法计算产品成本，成本项目为直接材料、直接人工和制造费用。成本计算中各分配率的计算保留四位小数，计算结果保留两位小数。

本月发生的直接材料费以各种产品材料消耗定额耗用量在各种产品之间进行分配，本月发生的直接人工和制造费用按实际生产工时在各种产品之间进行分配。

月末在产品和完工产品之间费用的分配采用约当产量法，原材料在第一道工序开始一次投入，直接人工费用和制造费用的完工程度分工序按定额生产工时计算，月末在产品在本工序的完工程度均为 50%。

（10）公司所在地具有活跃的房地产市场，房地产公允价值能够可靠计量，投资性房地产采用公允价值模式计量。

（11）未列明的其他会计事项，公司根据现行《企业会计准则》的相关规定处理。

（12）会计分录中涉及的明细科目以系统内置的为准，所有凭证的科目金额不能以负数表示。

任务三　云财务软件认知

柠檬云软件平台介绍

任务导言

云财务通常解释为云计算环境下的财务工作，其实质是利用云计算技术在互联网上完成企业的会计核算和会计管理等工作。云财务软件较传统的会计信息化软件而言，可以大大节约企业自身进行会计信息化建设的时间和成本，进一步推动会计工作向前发展。经合肥市美嘉针织有限公司研究决定，企业会计信息化改造后，拟采用柠檬云财务软件开展企业财务工作。

一、柠檬云财务软件主要功能

柠檬云财务软件采用阿里云服务器，全方位保障数据安全，是基于云计算环境下的新一代财务信息软件。该软件是国家税务总局认可的专业财务软件，可在税务局备案，全行业适用，支持多种会计准则，工业企业、建筑业、商贸企业、服务业、互联网企业、餐饮企业、代账企业等行业企业均可使用。其主要功能模块包括凭证、资金、发票、工资、期末结转、账簿、报表、一键报税、设置、进销存等。

（1）凭证模块。该模块包括新增凭证、查看凭证、会计电子档案、收票宝等子模块。

（2）资金模块。该模块包括现金日记账、银行日记账、内部转账、票据管理、资金报表、核对总账、收支类别、银企互联、账户设置等子模块。

（3）发票模块。该模块包括销项发票、进项发票、增值税测算、生成凭证等子模块。

（4）工资模块。该模块包括工资管理、员工信息、五险一金设置等子模块。

（5）期末结转模块。该模块包括期末损益结转、批量结账、反结账等子模块。

（6）账簿模块。该模块包括明细账、总账、科目余额表、科目汇总表、序时账、核算项目明细账、核算项目余额表、多栏账等子模块。

（7）报表模块。该模块包括资产负债表、利润表、利润表季报、现金流量表、现金流量表季报、财务概要信息、部门利润表、项目利润表等子模块。

（8）一键报税模块。该模块包括税务申报、纳税统计表等子模块。

（9）设置模块。该模块包括账套、科目、期初、币别、凭证字、辅助核算、凭证模板、权限设置、老板看账、备份恢复、操作日志、关联进销存、关联企业微信、旧账导入、重新初始化等子模块。

（10）进销存模块。该模块可以和使用财务系统其他模块结合，包括采购、销售、库存、资金、资料等子模块。

二、柠檬云财务软件注册与智慧工具部署

柠檬云财务软件可以实现一分钟快速建账，支持电脑、手机、平板等多终端设备使用，具备账簿及报表自动生成、一键打印及导出功能，可以助力企业实现高效率处理税务申报及财务分析工作。第一次使用该系统时，需要进行注册，具体流程如下。

（1）注册账号。企业财务人员或院校师生可通过官方网站，或者扫描柠檬云财务软件二维码完成柠檬云财务软件账号的注册。

（2）下载并使用柠檬云财务 APP。通过官方网站完成账号注册后，下载并在移动端安装柠檬云财务 APP。柠檬云财务 APP 与财务软件数据实时同步，支持手机、电脑同步记账，

能有效提升财务工作效率。通过 APP 扫描发票，可实现快速查验发票，并自动生成凭证。APP 同时提供分录大全、税率查询、办税日历、各类计算器等各种工具。通过智能财务管家功能，利用人工智能与大数据技术，可以帮助企业全方位分析财务状况，规避潜在风险。

（3）院校端会计实操系统部署。在完成账号注册和移动端 APP 安装后，使用者可以登录柠檬云财务软件网页端开展财务工作或专业实训教学。本书的院校读者，亦可与柠檬云财务软件开发企业深圳易财信息技术有限公司联系，基于柠檬云财务软件定制院校专属会计实操系统，获取专用链接。

项目总结

随着信息技术和商业模式数字化升级，云财务软件的产生改变了传统企业会计信息化工作场景，为企业开展会计信息化工作提供了新的选择。通过使用云财务软件，可以有限降低本地财务软件部署成本。通过灵活运用 PC 端、移动端 APP，快速实现建账管理、高效记账、一键报税、银企互联等操作，助力企业高效率完成财务管理工作，提高企业生产效率。

同时，我们要增强法治观念，按照会计法律法规的要求完成会计工作，诚信执业，自觉践行社会主义核心价值观，做勇于担当民族复兴大任的时代新人。

下面就让我们开启新奇又有趣的会计工作之旅吧。

项目二

建账与基础信息设置

学习目标

知识目标： 了解云财务软件主要功能；

熟悉账套设置和基础信息设置的基本知识和技术方法。

能力目标： 能够依据业务资料，成功设置账套；

能够依据业务资料进行业务基础信息设置和财务基础信息设置。

素养目标： 具有爱岗敬业和良好的职业道德；

善于团队合作，能够与企业、税务部门、银行等社会机构进行有效沟通和协作；

践行敬业、诚信、友善的社会主义价值观，具备良好的职业道德。

项目引例

合肥市美嘉针织有限公司结合自身企业特点和需求决定采用云财务软件来开展企业财务核算，引进该软件后可以随时随地查账记账，便于老板了解企业的财务状况。目前，需要根据企业的实际情况，将企业的各项基础档案，如机构人员信息、客商信息、存货档案等，录入企业云财务软件中。

思考：

（1）为什么要将企业基础信息录入云财务软件中？

（2）该软件有哪些模块可以使用？各模块之间存在什么样的关联？

（3）如何使用该软件进行辅助核算？

带着这些问题，让我们进行本项目的学习。

任务一　建立账套

任务导言

每个新建企业和原有企业在会计年度开始时，系统管理员均应根据企业需求为企业建立一套符合核算要求的账簿体系，这也是应用企业信息系统的首要环节。依法建立账套，不仅是国家法律的强制要求，也是加强企业经营管理的客观需要。

一、新建账套

在正式开始企业会计工作之前，必须要新建账套。

【工作实例 2-1】在柠檬云财务软件中新建账套

操作流程：

（1）登录柠檬云财务软件，在平台首页菜单（以下简称"首页菜单"）中，依次单击"设置"→"账套"→"新建账套"，填写企业的基本信息，如图 2-1-1 所示。

账套管理

*单位名称：合肥市美嘉针织有限公司	*账套启用年月：2022 年 3 月
统一社会信用代码：91340300682535479W	*会计准则：企业会计准则
行业：生产·加工·制造	*固定资产模块：○不启用 ○启用
*增值税种类：○小规模纳税人 ●一般纳税人	*资金模块：○不启用 ●启用
*凭证审核：●审核 ○不审核	*进销存：●不启用 ○启用

[创建账套] [取消]

图 2-1-1

【温馨提示】

账套启用年月不可填错，固定资产模块、资金模块、进销存及增值税种类根据企业的实际情况进行选择。

（2）单击"创建账套"按钮，完成设置。

知识拓展

本实训案例中该企业为增值税一般纳税人，不开启固定资产模块和进销存模块。在进行教学过程中，为了区分不同学生的账套，建议学生在建账时，在企业名称后加上"班级号+姓名+学号"作为单位名称，方便查阅学生练习情况。

二、调整会计准则

根据实训案例资料，所属年份为 2022 年，所以需要对企业会计准则进行调整，确保所使用准则为最新的企业会计准则。

【工作实例 2-2】调整会计准则

操作流程：

（1）在首页菜单中，依次单击"设置"→"账套"，打开"账套管理"对话框，单击当前账套"合肥市美嘉针织有限公司"后的"编辑"按钮，如图 2-1-2 所示。

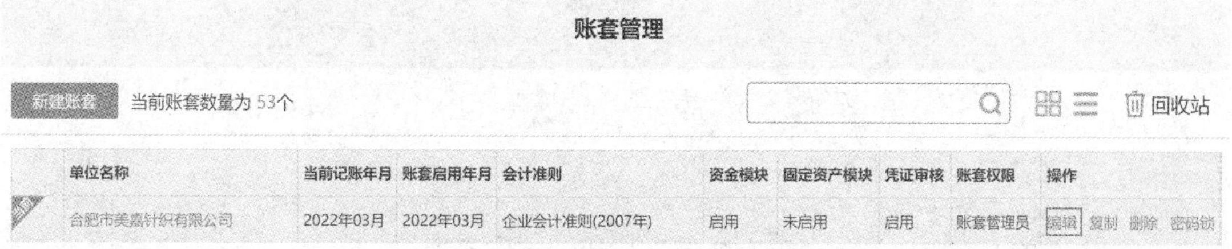

图 2-1-2

（2）单击"切换准则"按钮，如图 2-1-3 所示。

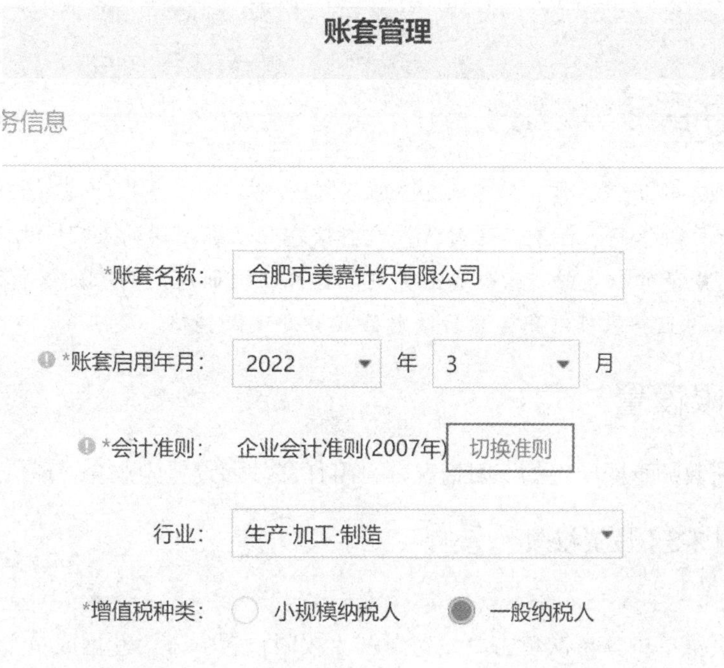

图 2-1-3

（3）在弹出的"切换准则"对话框中单击"切换到"右侧的"▼"图标，选择"企业会计准则（2019 年已执行新金融准则、新收入准则和新租赁准则）"选项，如图 2-1-4 所示。

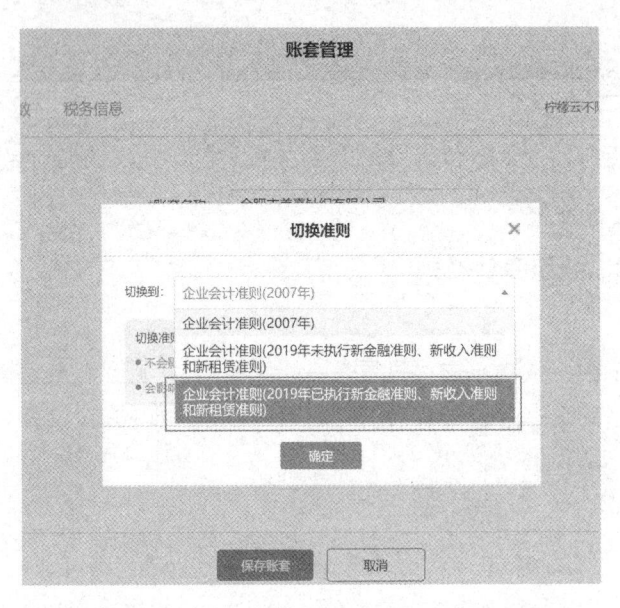

图 2-1-4

（4）依次单击"确定"→"保存账套"按钮，完成设置。

任务二　设置业务基础信息

任务导言

为了后续业务的正常操作，需完善企业业务基础信息。业务基础信息主要包括客户、供应商、部门、职员等信息。在手工账时代，这些信息分散在不同的部门，由不同部门进行管理，多数是没有规范的档案。云财务业务处理建立在全面规范的基础信息管理基础上，所以需要完善企业的业务基础信息，为后续财务业务处理做铺垫。

一、权限设置

为方便任课教师查阅学生的练习情况，可将任课教师设置为账套管理员。

【工作实例2-3】设置权限

操作流程：

（1）在首页菜单中，依次单击"设置"→"权限设置"→"新增成员"，打开"权限设置"对话框，设置账套管理员或其他人员，如图2-2-1所示。

权限设置

当前账套： 合肥美嘉针织有限公司

＊手机用户： ***********

○ **账套管理员**
凭证｜资金｜发票｜工资｜固定资产｜税务｜期末结转｜账簿｜报表｜新增账套｜删除账套｜备份恢复｜重新初始化账套｜关联进销存

○ **主管**
凭证｜资金｜发票｜工资｜固定资产｜税务｜期末结转｜账簿｜报表｜新增账套

○ **制单人**
凭证｜发票｜工资｜固定资产｜税务｜期末结转｜查看资金、账簿和报表｜新增账套

○ **出纳**
资金｜查看凭证、固定资产、账簿和报表｜新增账套

○ **查看**
查看凭证、资金、固定资产、账簿和报表｜新增账套

保存　取消

图 2-2-1

【温馨提示】
学生操作时，可将任课老师的账号（手机号）设置为账套管理员，以方便任课老师进入学生账号查看实训情况。

（2）单击"保存"按钮，完成设置。

二、辅助核算设置

在完善企业的账套信息之后，就需要开始进行期初设置工作，先对企业进行辅助核算设置。

【工作实例2-4】增加辅助核算类别

增加辅助核算类别（成本项目）

为了更好地对成本项目进行分类核算，需要在柠檬云财务软件中增加辅助核算类别"成本项目"及其成本项目内容。

操作流程：

（1）依次单击"设置"→"辅助核算"→"辅助核算类别"→"自定义辅助核算"，打开"核算类别设置"对话框，在辅助核算类别中录入"成本项目"，如图 2-2-2 所示。

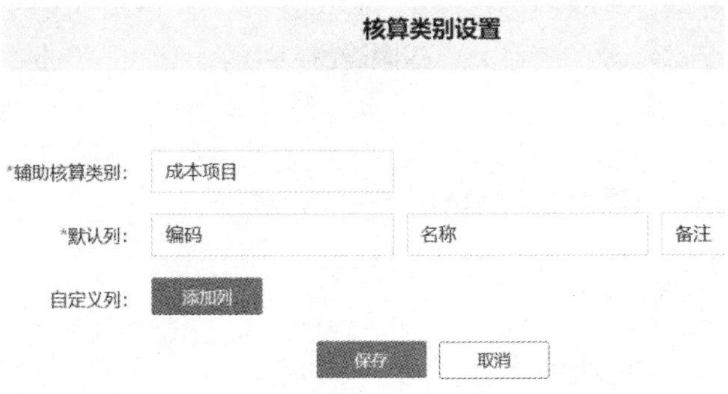

核算类别设置

*辅助核算类别:	成本项目
*默认列:	编码　　名称　　备注
自定义列:	添加列

保存　取消

图 2-2-2

（2）单击"保存"按钮，完成新增设置，如图 2-2-3 所示。

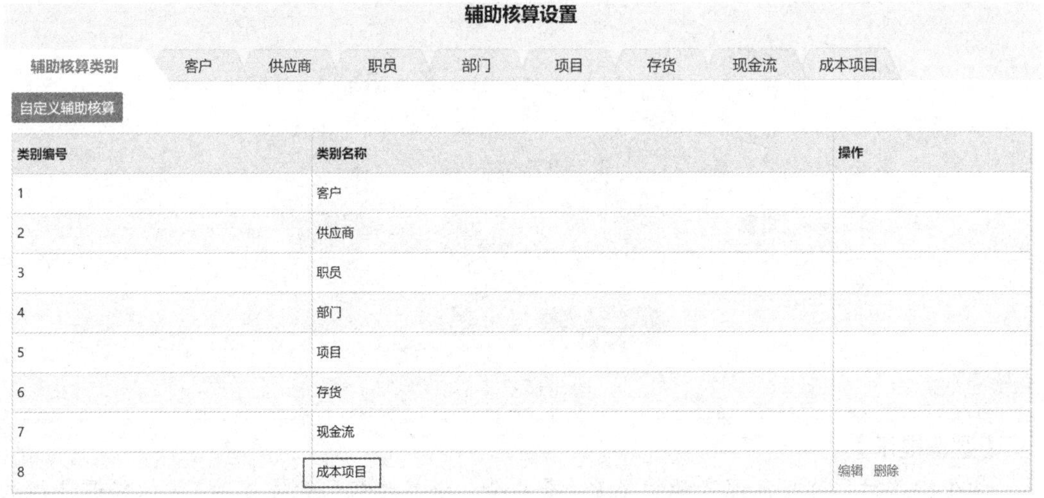

辅助核算设置

辅助核算类别　客户　供应商　职员　部门　项目　存货　现金流　成本项目

自定义辅助核算

类别编号	类别名称	操作
1	客户	
2	供应商	
3	职员	
4	部门	
5	项目	
6	存货	
7	现金流	
8	成本项目	编辑　删除

图 2-2-3

（3）依次单击"设置"→"辅助核算"→"成本项目"→"新增"，打开"辅助核算设置"对话框，在成本项目名称中录入"直接材料"，如图 2-2-4 所示。

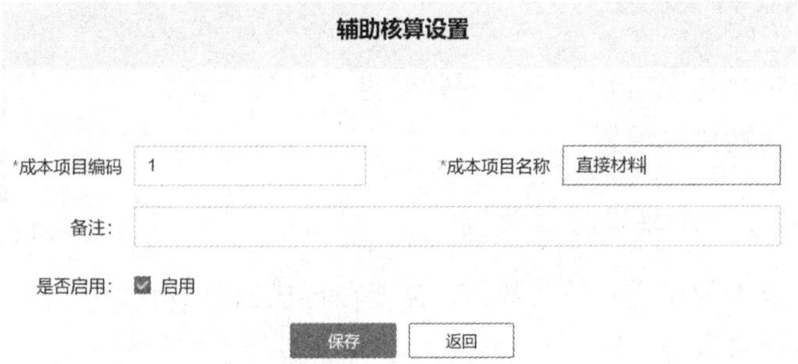

辅助核算设置

*成本项目编码:	1	*成本项目名称:	直接材料
备注:			
是否启用:	☑ 启用		

保存　返回

图 2-2-4

（4）单击"保存"按钮，完成新增设置。

（5）重复以上步骤，依次增加"直接材料""直接人工""制造费用"3 个成本项目。完成新增后，如图 2-2-5 所示。

辅助核算设置

编码	名称	助记码	备注	操作
1	直接材料	zjcl		编辑 删除
2	直接人工	zjrg		编辑 删除
3	制造费用	zzfy		编辑 删除

图 2-2-5

辅助核算设置（客户）

【工作实例 2-5】增加客户信息

操作流程：

（1）在首页菜单中，依次单击"设置"→"辅助核算"→"客户"→"新增"，打开"辅助核算设置-客户"对话框，录入客户名称，如图 2-2-6 所示。

辅助核算设置-客户

*客户编码：1　　　　　　*客户名称：合肥新世界百货有限公司

客户类别：　　　　　　　统一社会信用代码：

经营地址：

联系人：　　　　　　　　手机：

备注：

是否启用：☑ 启用

[保存]　[返回]

图 2-2-6

（2）单击"保存"按钮，完成新增设置。

（3）重复以上步骤，依次增加 13 名客户信息，如图 2-2-7 所示。

【温馨提示】

新增的 13 名客户为：合肥新世界百货有限公司、安徽美丽布艺有限公司、南京富莱针织有限公司、安徽名轩服饰有限公司、安徽庆鑫纺织有限公司、安徽俏丽女装有限公司、山东安奈针织品有限公司、安徽香奈服装有限公司、芜湖施贝嘉纺织有限公司、合肥市艾拓服饰有限公司、安徽金星纺织化纤有限公司、合肥五彩针织布艺有限公司、南京博深针织有限公司。

辅助核算设置

客户编号	客户名称	助记码	客户类别	经营地址	联系人	手机	税号	备注	操作
1	合肥新世界百货有限公司	hfxsjbhyxgs							编辑 删除
2	安徽美丽布艺有限公司	ahmlbyyxgs							编辑 删除
3	南京富莱针织有限公司	njflzzyxgs							编辑 删除
4	安徽名轩服饰有限公司	ahmxfsyxgs							编辑 删除
5	安徽庆鑫纺织有限公司	ahqxfzyxgs							编辑 删除
6	安徽俏丽女装有限公司	ahqlnzyxgs							编辑 删除
7	山东安奈针织品有限公司	sdanzzpyxgs							编辑 删除
8	安徽香奈服装有限公司	ahxnfzyxgs							编辑 删除
9	芜湖施贝嘉纺织有限公司	whsbjfzyxgs							编辑 删除
10	合肥市艾拓服饰有限公司	hfsatfsyxgs							编辑 删除
11	安徽金星纺织化纤有限公司	ahjxfzhxyxgs							编辑 删除
12	合肥五彩针织布艺有限公司	hfwczzbyyxgs							编辑 删除
13	南京博深针织有限公司	njbszzyxgs							编辑 删除

图 2-2-7

【工作实例 2-6】增加供应商信息

操作流程：

（1）在首页菜单中，依次单击"设置"→"辅助核算"→"供应商"→"新增"，打开"辅助核算设置-供应商"对话框，录入供应商信息，如图 2-2-8 所示。

图 2-2-8

（2）单击"保存"按钮，完成新增设置。

（3）重复以上步骤，依次增加 9 名供应商信息，如图 2-2-9 所示。

【温馨提示】

新增的 9 名供应商分别为：安徽迪卡丝线有限公司、合肥安曼服装辅料有限公司、安徽大地装修有限公司、合肥志恒会计师事务所、合肥新洋化学纤维有限公司、合肥皖达化纤股份有限公司、江苏精益纺织纱线有限公司、合肥市德邦物流有限公司、合肥卓越建筑材料有限公司。

供应商编码	供应商名称	助记码	供应商类别	经营地址	联系人	手机	税号	备注	操作
1	安徽迪卡丝线有限公司	ahdksxyxgs							编辑 删除
2	合肥安曼服装辅料有限公司	hfamfzflyxgs							编辑 删除
3	安徽大地装修有限公司	ahddzxyxgs							编辑 删除
4	合肥志恒会计师事务所	hfzhhjssws							编辑 删除
5	合肥新洋化学纤维有限公司	hfxyhxxwyxgs							编辑 删除
6	合肥皖达化纤股份有限公司	hfwdhxgfyxgs							编辑 删除
7	江苏精益纺织纱线有限公司	jsjyfzsxyxgs							编辑 删除
8	合肥市德邦物流有限公司	hfsdbwlyxgs							编辑 删除
9	合肥卓越建筑材料有限公司	hfzyjzclyxgs							编辑 删除

图 2-2-9

【工作实例 2-7】增加职员信息

柠檬云财务软件提供两种增加职员信息的方法。

第一种是通过单击"新增"按钮的方式依次增加公司职员信息；第二种通过导入 Excel 表格来上传职员信息。

第一种方法与前述增加客户、增加供应商信息的操作流程一致，不再赘述。

下面以导入 Excel 表格方法为例介绍如何增加职员信息。

操作流程：

（1）在首页菜单中，依次单击"设置"→"辅助核算"→"职员"→"导入"，打开"批量上传辅助核算项目"对话框，如图 2-2-10 所示。

（2）单击第一步中的"下载模板"按钮，将 Excel 模板下载到电脑桌面，并在 Excel 模板中根据企业职员资料填写职员编码、职员名称、性别、部门名称和职务，非必须填写项可以不填。职员信息填写完成后保存。

（3）单击第二步中的"选取文件"按钮，选择填写完成的 Excel 模板。

（4）单击"导入"按钮，导入 Excel，完成新增职员信息设置，如图 2-2-11 所示。

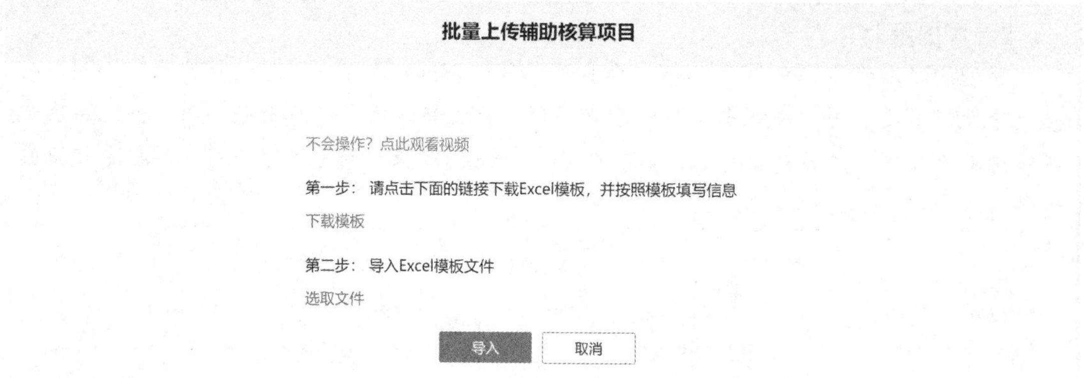
批量上传辅助核算项目
不会操作？点此观看视频
第一步：请点击下面的链接下载Excel模板，并按照模板填写信息
下载模板
第二步：导入Excel模板文件
选取文件
导入
取消

图 2-2-10

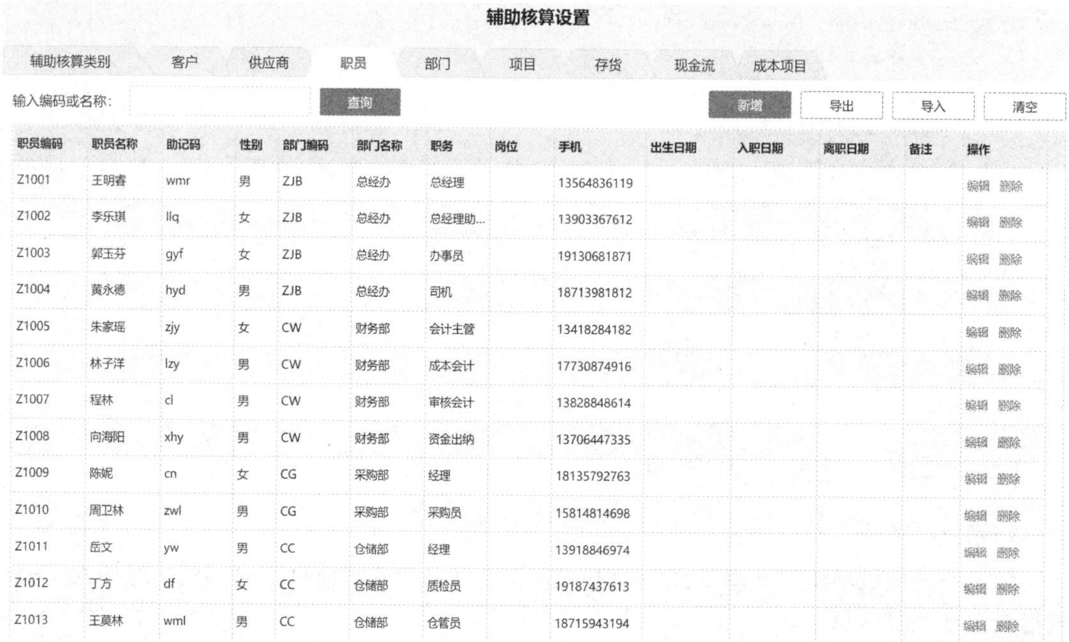
辅助核算设置
辅助核算类别
客户
供应商
职员
部门
项目
存货
现金流
成本项目
输入编码或名称：
查询
新增
导出
导入
清空

职员编码	职员名称	助记码	性别	部门编码	部门名称	职务	岗位	手机	出生日期	入职日期	离职日期	备注	操作
Z1001	王明睿	wmr	男	ZJB	总经办	总经理		13564836119					编辑 删除
Z1002	李乐琪	llq	女	ZJB	总经办	总经理助...		13903367612					编辑 删除
Z1003	郭玉芬	gyf	女	ZJB	总经办	办事员		19130681871					编辑 删除
Z1004	黄永德	hyd	男	ZJB	总经办	司机		18713981812					编辑 删除
Z1005	朱家瑶	zjy	女	CW	财务部	会计主管		13418284182					编辑 删除
Z1006	林子洋	lzy	男	CW	财务部	成本会计		17730874916					编辑 删除
Z1007	程林	cl	男	CW	财务部	审核会计		13828848614					编辑 删除
Z1008	向海阳	xhy	男	CW	财务部	资金出纳		13706447335					编辑 删除
Z1009	陈妮	cn	女	CG	采购部	经理		18135792763					编辑 删除
Z1010	周卫林	zwl	男	CG	采购部	采购员		15814814698					编辑 删除
Z1011	岳文	yw	男	CC	仓储部	经理		13918846974					编辑 删除
Z1012	丁方	df	女	CC	仓储部	质检员		19187437613					编辑 删除
Z1013	王莫林	wml	男	CC	仓储部	仓管员		18715943194					编辑 删除

图 2-2-11

【温馨提示】

该企业一共 75 名职员，请从本书资源下载页下载职员信息数据后，导入系统。由于篇幅限制，图 2-2-7 仅显示导入的部分职员信息。

【工作实例 2-8】增加部门信息

操作流程：

（1）在首页菜单中，依次单击“设置”→“辅助核算”→“部门”→“清空”，弹出“提示”对话框，单击“确定”按钮，先将预置的部门信息清空，如图 2-2-12 所示。

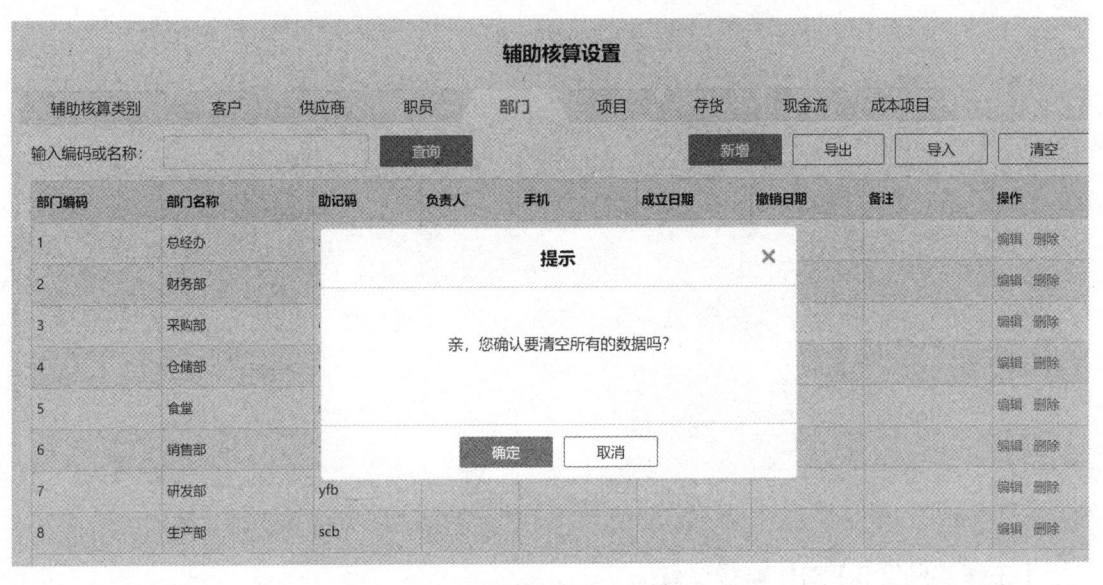

图 2-2-12

（2）单击"部门"选项中的"新增"按钮，打开"辅助核算设置-部门"对话框，录入部门名称，如图 2-2-13 所示。

图 2-2-13

（3）单击"保存"按钮，完成新增。
（4）重复以上步骤，依次增加 8 个部门信息，如图 2-2-14 所示。

【温馨提示】
新增的 8 个部门分别为：总经办、财务部、采购部、仓储部、食堂、销售部、研发部、生产部。

图 2-2-14

【工作实例 2-9】增加存货信息

操作流程：

（1）依次单击"设置"→"辅助核算"→"存货"→"新增"，打开"辅助核算设置-存货"对话框，录入存货名称，如图 2-2-15 所示。

图 2-2-15

（2）单击"保存"按钮，完成新增。

（3）重复以上步骤，依次增加 15 个存货，如图 2-2-16 所示。

【温馨提示】

存货明细信息如表 2-1 所示。

辅助核算设置

| 辅助核算类别 | 客户 | 供应商 | 职员 | 部门 | 项目 | 存货 | 现金流 | 成本项目 |

输入编码或名称： 查询　新增　导出　导入　清空

存货编码	存货名称	助记码	规格型号	存货类别	计量单位	启用日期	停用日期	备注	操作
1	锦纶高弹丝40D	jlgds40d							编辑 删除
2	锦纶高弹丝70D	jlgds70d							编辑 删除
3	锦纶光丝40D	jlgs40d							编辑 删除
4	锦纶光丝70D	jlgs70d							编辑 删除
5	涤纶丝50D	dls50d							编辑 删除
6	涤纶丝68D	dls68d							编辑 删除
7	氨纶丝30D	als30d							编辑 删除
8	氨纶丝40D	als40d							编辑 删除
9	氨纶丝70D	als70d							编辑 删除
10	棉纱CF40	mscf40							编辑 删除
11	A类棉混纺针织布	almhfzzb							编辑 删除
12	B类棉混纺针织布	blmhfzzb							编辑 删除
13	A类尼龙混纺弹力针织布	alnlhfdlzzb							编辑 删除
14	B类尼龙混纺弹力针织布	blnlhfdlzzb							编辑 删除
15	纸箱	zx							编辑 删除

显示1到15，共15记录　　20　　第1页 共1页

图 2-2-16

表 2-1 存货明细表

序　号	类　别	原　材　料
1	原材料	锦纶高弹丝 40D
2		锦纶高弹丝 70D
3		锦纶光丝 40D
4		锦纶光丝 70D
5		涤纶丝 50D
6		涤纶丝 68D
7		氨纶丝 30D
8		氨纶丝 40D
9		氨纶丝 70D
10		棉纱 CF40
11	库存商品	A 类棉混纺针织布
12		B 类棉混纺针织布
13		A 类尼龙混纺弹力针织布
14		B 类尼龙混纺弹力针织布
15	周转材料	纸箱

任务三　设置财务基础信息

任务导言

设置财务基础信息是进行企业业务核算、汇总分析的前提。财务信息的设置主要包括会计科目的设置和账户收支类别的设置。只有对企业财务基础设置进行各种分类、统一口径，云财务软件才能在进行财务处理过程中，识别同类信息并自动进行归类和整合，并在财务处理完成后提供对应的数据分析。

一、设置会计科目

在首页菜单中，依次单击"设置"→"科目"，进入"科目管理"页面，根据企业实训案例资料的会计科目逐一对系统内置的会计科目进行编辑和管理。

有辅助核算的会计科目设置
（库存现金、应收票据）

（一）设置资产类科目卡片

【工作实例2-10】设置"1001 库存现金"科目

操作流程：

（1）单击"库存现金"科目对应的"编辑"按钮，打开"科目管理"对话框，勾选"辅助核算""现金流"复选框，单击"保存"按钮，如图2-3-1所示。

图2-3-1

【温馨提示】

"科目管理"对话框中的科目编码是系统自动生成的，无须修改。

(2)设置后的"库存现金"科目如图2-3-2所示。

图 2-3-2

【工作实例2-11】设置"1002 银行存款"科目

操作流程：

(1)单击"银行存款"科目对应的"新增"按钮，打开"科目管理"对话框，增加二级明细科目"建设银行合肥经开支行"，勾选"辅助核算""现金流"复选框，单击"保存"按钮，如图2-3-3所示。

图 2-3-3

(2)重复第一步操作，单击"银行存款"科目对应的"新增"按钮，打开"科目管理"对话框，增加二级明细科目"建设银行合肥明珠广场支行"，勾选"辅助核算""现金流"复选框，单击"保存"按钮，如图2-3-4所示。

(2)设置完成后的"银行存款"科目如图2-3-5所示。

【工作实例2-12】设置"1012 其他货币资金"科目

操作流程：

(1)单击"其他货币资金"科目对应的"新增"按钮，打开"科目管理"对话框，增加二级明细科目"存出投资款"，勾选"辅助核算""现金流"复选框，单击"保存"按钮，如图2-3-6所示。

科目管理

*科目编码: 1002002　　　　*科目名称: 建设银行合肥明珠广场支行

*上级科目: 银行存款　　　　科目类别: 资产类

余额方向: ● 借　○ 贷　　　科目状态: ● 启用　○ 停用

□ 数量核算

☑ 辅助核算　□ 客户　□ 供应商　□ 职员　□ 部门　□ 项目　□ 存货　☑ 现金流　□ 成本项目
　　　　　　设置辅助核算

□ 外币核算

[保存]　[保存并新增]　[取消]

图 2-3-4

1002	银行存款	yhck	借		启用	新增		
1002001	建设银行合肥经开支行	yxck_jsyxhfjkzx	借	现金流	启用	新增	编辑	删除
1002002	建设银行合肥明珠广场支行	yxck_jsyxhfmzgczx	借	现金流	启用	新增	编辑	删除

图 2-3-5

科目管理

*科目编码: 1012001　　　　*科目名称: 存出投资款

*上级科目: 其他货币资金　　科目类别: 资产类

余额方向: ● 借　○ 贷　　　科目状态: ● 启用　○ 停用

□ 数量核算

☑ 辅助核算　□ 客户　□ 供应商　□ 职员　□ 部门　□ 项目　□ 存货　☑ 现金流　□ 成本项目
　　　　　　设置辅助核算

□ 外币核算

[保存]　[保存并新增]　[取消]

图 2-3-6

（2）设置完成后的"其他货币资金"科目如图 2-3-7 所示。

| 1012 | 其他货币资金 | qthbzj | 借 | | 启用 | 新增 | 编辑 | |
| 1012001 | 存出投资款 | qthbzj_cctzk | 借 | 现金流 | 启用 | 新增 | 编辑 | 删除 |

图 2-3-7

【工作实例 2-13】设置"1101 交易性金融资产"科目

操作流程:

(1) 单击"交易性金融资产"科目对应的"新增"按钮,打开"科目管理"对话框,依次增加 3 个二级明细科目"江南高纤""国药股份""安徽合力"。

(2) 增设完二级明细科目后,单击"江南高纤"二级明细科目对应的"新增"按钮,打开"科目管理"对话框,增设三级明细科目"成本"和"公允价值变动"。

(3) 单击"国药股份"二级明细科目对应的"新增"按钮,增设三级明细科目"成本"和"公允价值变动"。

(4) 单击"安徽合力"二级明细科目对应的"新增"按钮,增设三级明细科目"成本"。

(5) 设置完成后的"交易性金融资产"科目如图 2-3-8 所示。

1101	交易性金融资产	jyxjrzc	借	启用	新增
1101001	江南高纤	jyxjrzc_jngq	借	启用	新增 编辑
110100101	成本	jyxjrzc-jngq_cb	借	启用	新增 编辑 删除
110100102	公允价值变动	jyxjrzc-jngq_gyjzbd	借	启用	新增 编辑 删除
1101002	国药股份	jyxjrzc_gygf	借	启用	新增 编辑
110100201	成本	jyxjrzc-gygf_cb	借	启用	新增 编辑 删除
110100202	公允价值变动	jyxjrzc-gygf_gyjzbd	借	启用	新增 编辑 删除
1101003	安徽合力	jyxjrzc_ahgl	借	启用	新增 编辑
110100301	成本	jyxjrzc-ahgl_cb	借	启用	新增 编辑 删除

图 2-3-8

【工作实例 2-14】设置"1121 应收票据"科目

操作流程:

(1) 单击"应收票据"科目对应的"编辑"按钮,打开"科目管理"对话框,勾选"辅助核算""客户"复选框,单击"保存"按钮,如图 2-3-9 所示。

图 2-3-9

(2)设置完成后的"应收票据"科目如图 2-3-10 所示。

| 1121 | 应收票据 | yspj | 借 | 客户 | 启用 | 新增 编辑 |

图 2-3-10

【工作实例 2-15】 设置"1122 应收账款"科目

操作流程:

(1)单击"应收账款"科目对应的"编辑"按钮,打开"科目管理"对话框,勾选"辅助核算""客户"复选框,单击"保存"按钮,如图 2-3-11 所示。

图 2-3-11

(2)设置完成后的"应收账款"科目如图 2-3-12 所示。

| 1122 | 应收账款 | yszk | 借 | 客户 | 启用 | 新增 编辑 |

图 2-3-12

【工作实例 2-16】 设置"1123 预付账款"科目

操作流程:

(1)单击"预付账款"科目对应的"编辑"按钮,打开"科目管理"对话框,勾选"辅助核算""供应商"复选框,单击"保存"按钮,如图 2-3-13 所示。

(2)设置完成后的"预付账款"科目如图 2-3-14 所示。

【工作实例 2-17】 设置"1221 其他应收款"科目

操作流程:

(1)单击"其他应收款"科目对应的"编辑"按钮,打开"科目管理"对话框,勾选"辅助核算""职员"复选框,单击"保存"按钮,如图 2-3-15 所示。

图 2-3-13

| 1123 | 预付账款 | yfzk | 借 | 供应商 | 启用 | 新增 编辑 |

图 2-3-14

图 2-3-15

（2）设置完成后的"其他应收款"科目如图 2-3-16 所示。

| 1221 | 其他应收款 | qtysk | 借 | 职员 | 启用 | 新增 编辑 |

图 2-3-16

【工作实例 2-18】设置"1231 坏账准备"科目

柠檬云财务软件中已内置"坏账准备"明细科目，根据企业实训案例资料，"应收账款坏账准备"二级明细科目已设置,无须新增明细科目。

【工作实例 2-19】设置"1402 在途物资""1403 原材料"科目

操作流程:

(1)单击"在途物资"科目对应的"编辑"按钮,打开"科目管理"对话框,勾选"数量核算""辅助核算""存货"复选框,并在"数量核算"复选框后面的"计量单位"中输入"米",设置完成后保存,如图 2-3-17 所示。

图 2-3-17

(2)单击"原材料"科目对应的"编辑"按钮,打开"科目管理"对话框,勾选"数量核算""辅助核算""存货"复选框,并在"数量核算"复选框后面的"计量单位"中输入"米",设置完成后保存,如图 2-3-18 所示。

图 2-3-18

(3) 设置完成后的"在途物资"科目和"原材料"科目如图 2-3-19 所示。

| 1402 | 在途物资 | ztwz | 借 | 米 | 存货 | 启用 | 新增 编辑 |
| 1403 | 原材料 | ycl | 借 | 米 | 存货 | 启用 | 新增 编辑 |

图 2-3-19

【工作实例 2-20】设置"1405 库存商品"科目

操作流程：

(1) 单击"库存商品"科目对应的"编辑"按钮，打开"科目管理"对话框，勾选"数量核算""辅助核算""存货"复选框，并在"数量核算"复选框后面的"计量单位"中输入"米"，设置完成后保存，如图 2-3-20 所示。

图 2-3-20

(2) 设置完成后的"库存商品"科目如图 2-3-21 所示。

| 1405 | 库存商品 | kcsp | 借 | 米 | 存货 | 启用 | 新增 编辑 |

图 2-3-21

【工作实例 2-21】设置"1411 周转材料"科目

操作流程：

(1) 单击"周转材料"科目对应的"编辑"按钮，打开"科目管理"对话框，勾选"数量核算""辅助核算""存货"复选框，并在"数量核算"复选框后面的"计量单位"中输入"个"，设置完成后保存，如图 2-3-22 所示。

(2) 设置完成后的"周转材料"科目如图 2-3-23 所示。

图 2-3-22

图 2-3-23

【工作实例 2-22】设置"1511 长期股权投资"科目

操作流程：

（1）单击"长期股权投资"科目对应的"新增"按钮，打开"科目管理"对话框，增加 1 个二级明细科目"南京市蒙利乳业股份有限公司"，并保存，如图 2-3-24 所示。

图 2-3-24

（2）单击"南京市蒙利乳业股份有限公司"明细科目对应的"新增"按钮，打开"科目管理"对话框，依次增加 3 个三级明细科目"成本""损益调整""其他综合收益"。

（3）设置完成后的"长期股权投资"科目如图 2-3-25 所示。

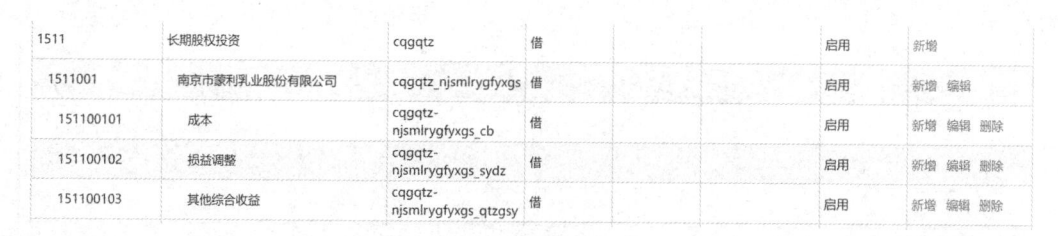

1511	长期股权投资		cqgqtz	借		启用	新增
1511001	南京市蒙利乳业股份有限公司		cqgqtz_njsmlrygfyxgs	借		启用	新增 编辑
151100101	成本		cqgqtz-njsmlrygfyxgs_cb	借		启用	新增 编辑 删除
151100102	损益调整		cqgqtz-njsmlrygfyxgs_sydz	借		启用	新增 编辑 删除
151100103	其他综合收益		cqgqtz-njsmlrygfyxgs_qtzgsy	借		启用	新增 编辑 删除

图 2-3-25

【工作实例 2-23】设置"1521 投资性房地产"科目

操作流程：

（1）单击"投资性房地产"科目对应的"新增"按钮，打开"科目管理"对话框，依次增加 2 个二级明细科目"成本""公允价值变动"，如图 2-3-26 和图 2-3-27 所示。

图 2-3-26

图 2-3-27

（2）设置完成后的"投资性房地产"科目如图 2-3-28 所示。

1521	投资性房地产	tzxfdc	借		启用	新增		
1521001	成本	tzxfdc_cb	借		启用	新增	编辑	删除
1521002	公允价值变动	tzxfdc_gyjzbd	借		启用	新增	编辑	删除

图 2-3-28

【工作实例 2-24】设置"1601 固定资产"科目

操作流程：

（1）单击"固定资产"科目对应的"新增"按钮，打开"科目管理"对话框，依次增加 4 个二级明细科目"房屋建筑物""生产设备""运输设备""管理设备"。

（2）设置完成后的"固定资产"科目如图 2-3-29 所示。

1601	固定资产	gdzc	借		启用	新增		
1601001	房屋建筑物	gdzc_fwjzw	借		启用	新增	编辑	删除
1601002	生产设备	gdzc_scsb	借		启用	新增	编辑	删除
1601003	运输设备	gdzc_yssb	借		启用	新增	编辑	删除
1601004	管理设备	gdzc_glsb	借		启用	新增	编辑	删除

图 2-3-29

【工作实例 2-25】设置"1602 累计折旧"科目

操作流程：

（1）单击"累计折旧"科目对应的"新增"按钮，打开"科目管理"对话框，依次增加 4 个二级明细科目"房屋建筑物""生产设备""运输设备""管理设备"。

（2）设置完成后的"累计折旧"科目如图 2-3-30 所示。

1602	累计折旧	ljzj	贷		启用	新增		
1602001	房屋建筑物	ljsj_fwjzw	贷		启用	新增	编辑	删除
1602002	生产设备	ljsj_scsb	贷		启用	新增	编辑	删除
1602003	运输设备	ljsj_yssb	贷		启用	新增	编辑	删除
1602004	管理设备	ljsj_glsb	贷		启用	新增	编辑	删除

图 2-3-30

【工作实例 2-26】设置"1604 在建工程"科目

操作流程：

（1）单击"在建工程"科目对应的"新增"按钮，打开"科目管理"对话框，依次增加 2 个二级明细科目"3 栋厂房""机器设备"。

（2）单击二级明细科目"3 栋厂房"后的"新增"按钮，打开"科目管理"对话框，依次增加 4 个三级明细科目"勘察费""设计费""材料费""利息费用"。

（3）设置完成后的"在建工程"科目如图 2-3-31 所示。

1604	在建工程	zjgc	借			启用	新增		
1604001	3栋厂房	zjgc_3dcf	借			启用	新增	编辑	
160400101	勘察费	zjgc-3daf_kcf	借			启用	新增	编辑	删除
160400102	设计费	zjgc-3daf_sjf	借			启用	新增	编辑	删除
160400103	材料费	zjgc-3daf_clf	借			启用	新增	编辑	删除
160400104	利息费用	zjgc-3daf_lxfy	借			启用	新增	编辑	删除
1604002	机器设备	zjgc_jqsb	借			启用	新增	编辑	删除

图 2-3-31

【工作实例 2-27】设置"1701 无形资产"科目

操作流程：

（1）单击"无形资产"科目对应的"新增"按钮，打开"科目管理"对话框，依次增加 3 个二级明细科目"土地使用权""商标权""专利权"。

（2）设置完成后的"无形资产"科目如图 2-3-32 所示。

1701	无形资产	wxzc	借			启用	新增		
1701001	土地使用权	mxzc_tdsyq	借			启用	新增	编辑	删除
1701002	商标权	mxzc_sbq	借			启用	新增	编辑	删除
1701003	专利权	mxzc_zlq	借			启用	新增	编辑	删除

图 2-3-32

【工作实例 2-28】设置"1702 累计摊销"科目

操作流程：

（1）单击"累计摊销"科目对应的"新增"按钮，打开"科目管理"对话框，依次增加 3 个二级明细科目"土地使用权""商标权""专利权"。

（2）设置完成后的"累计摊销"科目如图 2-3-33 所示。

1702	累计摊销	ljtx	贷			启用	新增		
1702001	土地使用权	ljtx_tdsyq	贷			启用	新增	编辑	删除
1702002	商标权	ljtx_sbq	贷			启用	新增	编辑	删除
1702003	专利权	ljtx_zlq	贷			启用	新增	编辑	删除

图 2-3-33

【工作实例 2-29】设置"1811 递延所得税资产"科目

操作流程：

（1）单击"递延所得税资产"科目对应的"新增"按钮，打开"科目管理"对话框，依次增加 2 个二级明细科目"应收账款"和"可弥补亏损"。

（2）设置完成后的"递延所得税资产"科目如图 2-3-34 所示。

1811	递延所得税资产	dysdszc	借		启用	新增
1811001	应收账款	dysdszc_yszk	借		启用	新增 编辑 删除
1811002	可弥补亏损	dysdszc_kmbks	借		启用	新增 编辑 删除

图 2-3-34

（二）设置负债类科目卡片

【工作实例 2-30】设置"2001 短期借款"科目

操作流程：

（1）单击"短期借款"科目对应的"新增"按钮，打开"科目管理"对话框，增加1个二级明细科目"建设银行合肥明珠广场支行"，如图2-3-35所示。

图 2-3-35

（2）设置完成后的"短期借款"科目如图2-3-36所示。

科目编码	科目名称	助记码	余额方向	辅助核算	状态	操作
2001	短期借款	dqjk	贷		启用	新增
2001001	建设银行合肥明珠广场支行	dqjk_jsyhgfmzaczh	贷		启用	新增 编辑 删除

图 2-3-36

【工作实例 2-31】设置"2202 应付账款"科目

操作流程：

（1）单击"应付账款"科目对应的"编辑"按钮，打开"科目管理"对话框，勾选"辅助核算""供应商"复选框，单击"保存"按钮，如图2-3-37所示。

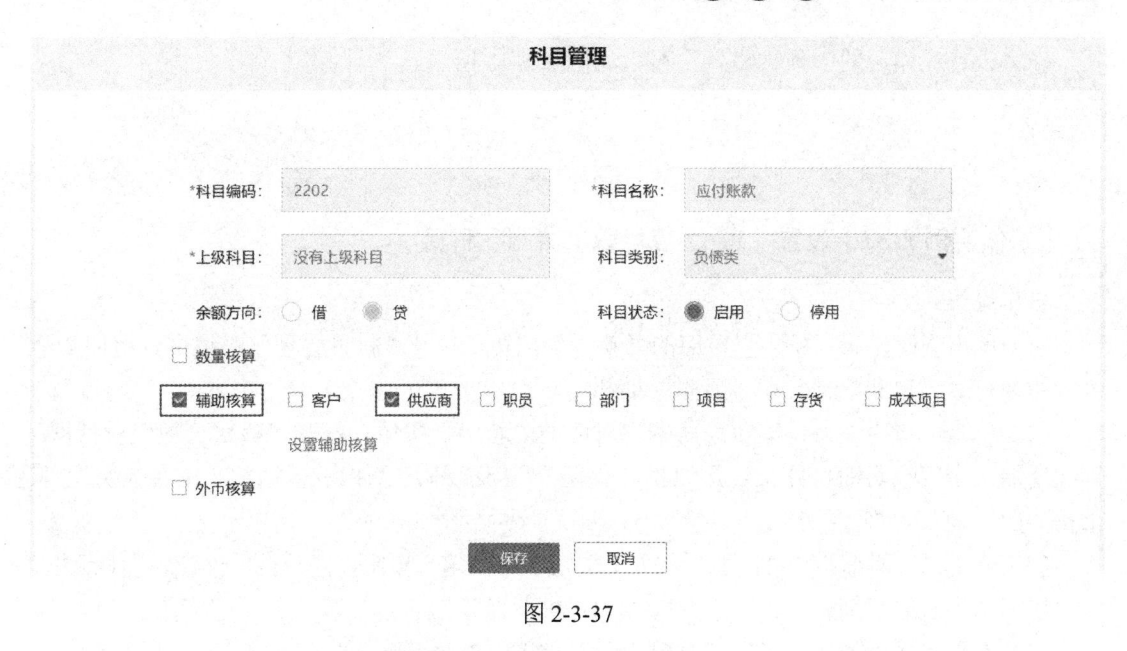

科目管理

*科目编码: 2202　　　*科目名称: 应付账款

*上级科目: 没有上级科目　　　科目类别: 负债类

余额方向: ○借 ●贷　　　科目状态: ●启用 ○停用

☐ 数量核算

☑ 辅助核算　☐ 客户　☑ 供应商　☐ 职员　☐ 部门　☐ 项目　☐ 存货　☐ 成本项目
设置辅助核算

☐ 外币核算

[保存] [取消]

图 2-3-37

（2）设置完成后的"应付账款"科目如图 2-3-38 所示。

| 2202 | 应付账款 | yfzk | 贷 | 供应商 | 启用 | 新增 编辑 |

图 2-3-38

【工作实例 2-32】设置"2203 预收账款"科目

操作流程：

（1）单击"预收账款"科目对应的"编辑"按钮，打开"科目管理"对话框，勾选"辅助核算""客户"复选框，单击"保存"按钮，如图 2-3-39 所示。

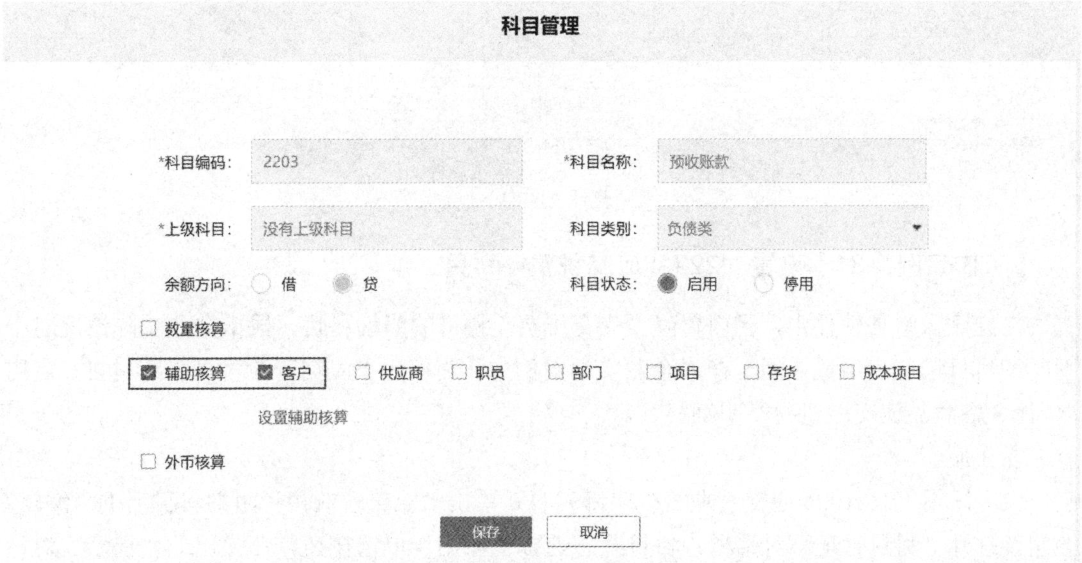

科目管理

*科目编码: 2203　　　*科目名称: 预收账款

*上级科目: 没有上级科目　　　科目类别: 负债类

余额方向: ○借 ●贷　　　科目状态: ●启用 ○停用

☐ 数量核算

☑ 辅助核算　☑ 客户　☐ 供应商　☐ 职员　☐ 部门　☐ 项目　☐ 存货　☐ 成本项目
设置辅助核算

☐ 外币核算

[保存] [取消]

图 2-3-39

（2）设置完成后的"预收账款"科目如图2-3-40所示。

| 2203 | 预收账款 | yszk | 贷 | 客户 | | 启用 | 新增 编辑 |

图 2-3-40

【工作实例2-33】设置"2211 应付职工薪酬"科目

操作流程：

（1）单击"应付职工薪酬"对应的"新增"按钮，打开"科目管理"对话框，增加2个二级明细科目"短期薪酬"和"离职后福利"。

（2）单击二级明细科目"短期薪酬"对应的"新增"按钮，打开"科目管理"对话框，依次增加7个三级明细科目"工资""医疗保险""工伤保险""住房公积金""工会经费""职工福利费""职工教育经费"。

（3）单击二级明细科目"离职后福利"对应的"新增"按钮，打开"科目管理"对话框，依次增加2个三级明细科目"养老保险"和"失业保险"。

（4）设置完成后的"应付职工薪酬"科目如图2-3-41所示。

2211	应付职工薪酬	yfzgxc	贷		启用	新增
2211001	短期薪酬	yfzgxc_dqxc	贷		启用	新增 编辑
221100101	工资	yfzgxc-dqxc_gz	贷		启用	新增 编辑 删除
221100102	医疗保险	yfzgxc-dqxc_ylbx	贷		启用	新增 编辑 删除
221100103	工伤保险	yfzgxc-dqxc_gsbx	贷		启用	新增 编辑 删除
221100104	住房公积金	yfzgxc-dqxc_zfgjj	贷		启用	新增 编辑 删除
221100105	工会经费	yfzgxc-dqxc_ghjf	贷		启用	新增 编辑 删除
221100106	职工福利费	yfzgxc-dqxc_zgflf	贷		启用	新增 编辑 删除
221100107	职工教育经费	yfzgxc-dqxc_zgjyjf	贷		启用	新增 编辑 删除
2211002	离职后福利	yfzgxc_lzhfl	贷		启用	新增 编辑
221100201	养老保险	yfzgxc-lzhfl_ylbx	贷		启用	新增 编辑 删除
221100202	失业保险	yfzgxc-lzhfl_sybx	贷		启用	新增 编辑 删除

图 2-3-41

【工作实例2-34】设置"2221 应交税费"科目

在柠檬云财务软件中，已内置好"应交税费"科目的明细科目，根据企业实际情况对个别明细科目进行启用或停用。在本企业实训案例中，需停用"应交营业税"明细科目，启用"转让金融商品应交增值税"明细科目。

操作流程：

（1）停用"2221004 应交营业税"明细科目。单击"应交营业税"明细科目后的"编辑"按钮，打开"科目管理"对话框，科目状态选择"停用"单选按钮，在弹出的"提示"对话框中单击"确定"按钮，并保存，如图2-3-42所示。

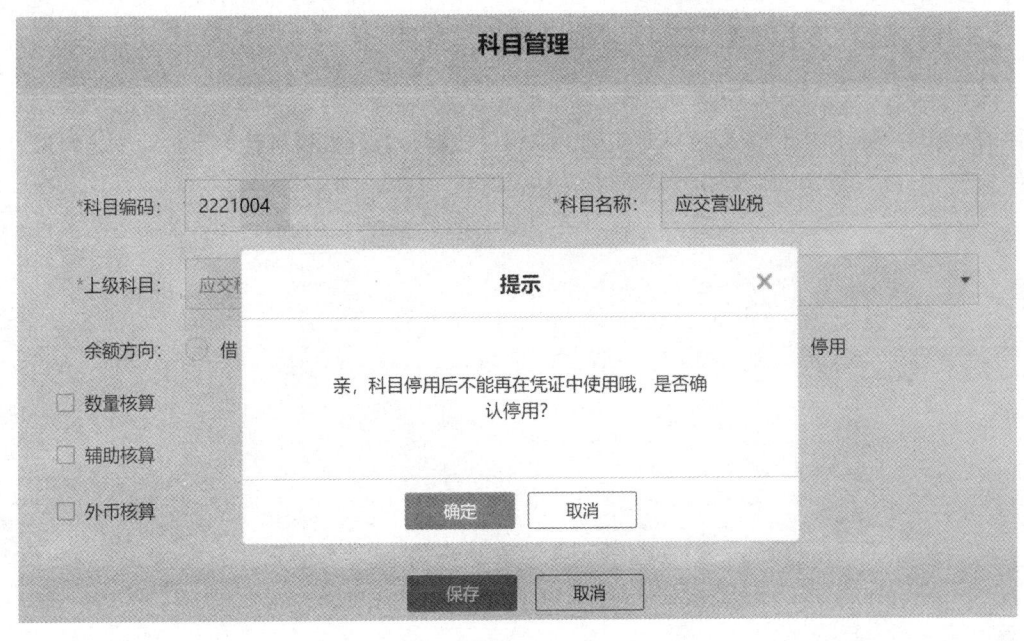

图 2-3-42

（2）启用"2221024 转让金融商品应交增值税"明细科目。单击"转让金融商品应交增值税"明细科目对应的"编辑"按钮，打开"科目管理"对话框，科目状态选择"启用"单选按钮并单击"保存"按钮，如图 2-3-43 所示。

图 2-3-43

（3）设置完成后的"应交营业税"和"转让金融商品应交增值税"科目如图 2-3-44 所示。

| 2221004 | 应交营业税 | yjsf_yjyys | 贷 | 停用 | 编辑 删除 |
| 2221024 | 转让金融商品应交增值税 | yjsf_zrjrspyjzzs | 贷 | 启用 | 新增 编辑 删除 |

图 2-3-44

【工作实例 2-35】设置"2241 其他应付款"科目

操作流程：

（1）单击"其他应付款"科目对应的"编辑"按钮，打开"科目管理"对话框，勾选"辅助核算""客户"复选框，单击"保存"按钮，如图 2-3-45 所示。

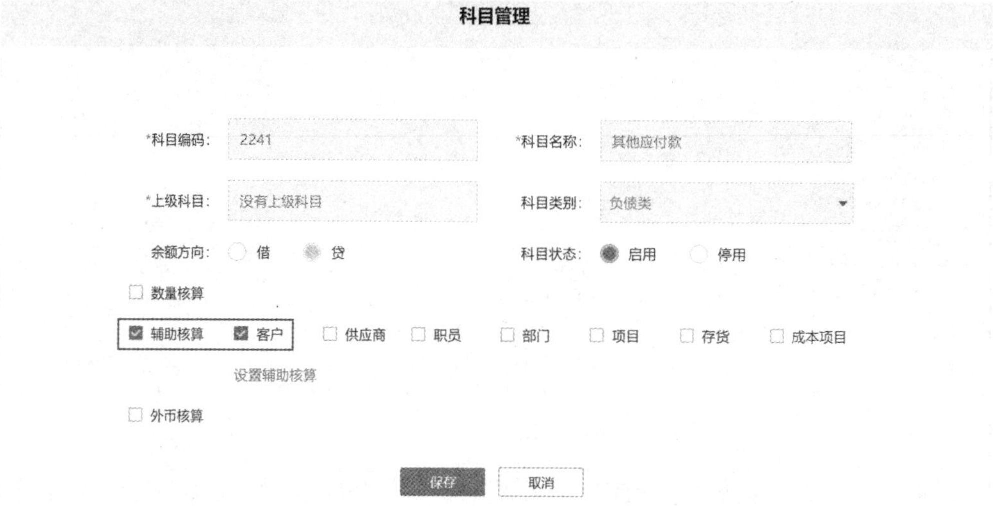

图 2-3-45

（3）设置完成后的"其他应付款"科目如图 2-3-46 所示。

| 2241 | 其他应付款 | qtyfk | 贷 | 客户 | 启用 | 新增 编辑 |

图 2-3-46

（三）设置所有者权益类科目卡片

【工作实例 2-36】设置"4002 资本公积"科目

操作流程：

（1）单击"资本公积"科目对应的"新增"按钮，打开"科目管理"对话框，增加 2 个二级明细科目"资本溢价"和"其他资本公积"。

（2）设置完成后的"资本公积"科目如图 2-3-47 所示。

4002	资本公积	zbgj	贷		启用	新增
4002001	资本溢价	zbgj_zbyj	贷		启用	新增 编辑 删除
4002002	其他资本公积	zbgj_qtzbgj	贷		启用	新增 编辑 删除

图 2-3-47

【工作实例 2-37】设置"4004 其他综合收益"科目

操作流程：

（1）单击"其他综合收益"科目对应的"编辑"按钮，打开"科目管理"对话框，科目状态选择"启用"并单击"保存"按钮,如图 2-3-48 所示。

图 2-3-48

(2)设置完成后的"其他综合收益"科目如图 2-3-49 所示。

图 2-3-49

(四)设置成本类科目卡片

【工作实例 2-38】设置"5001 生产成本"科目

操作流程:

(1)单击"生产成本"科目对应的"编辑"按钮,打开"科目管理"对话框,勾选"辅助核算""存货""成本项目"复选框,单击"保存"按钮,如图 2-3-50 所示。

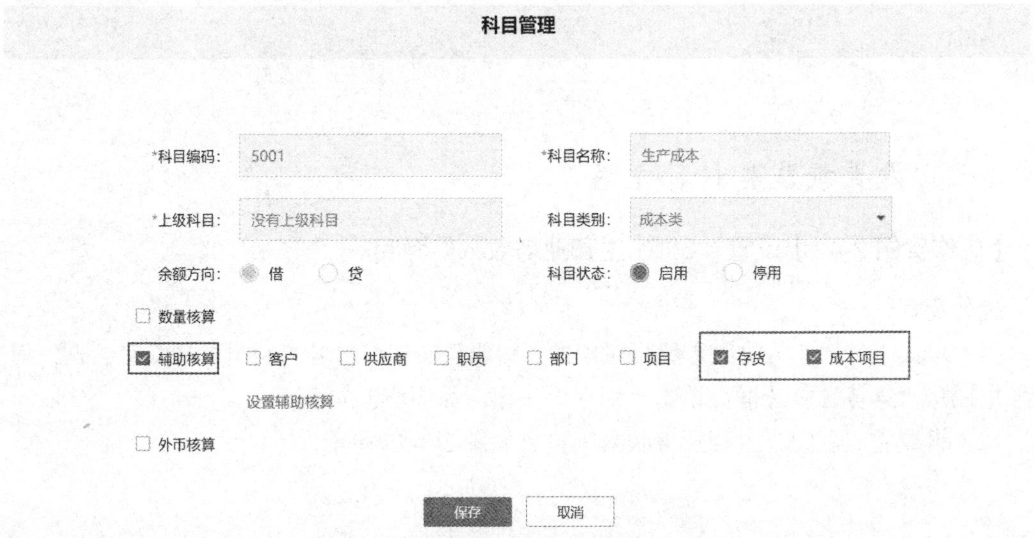

图 2-3-50

(2) 设置完成后的"生产成本"科目如图 2-3-51 所示。

| 5001 | 生产成本 | sccb | 借 | 存货,成本项目 | 启用 | 新增 编辑 |

图 2-3-51

【工作实例 2-39】设置"5101 制造费用"科目

操作流程：

(1) 单击"制造费用"科目对应的"新增"按钮，打开"科目管理"对话框，增加 5 个二级明细科目"职工薪酬""职工教育经费""水电费""折旧费""设计费"。

(2) 设置完成后的"制造费用"科目如图 2-3-52 所示。

5101	制造费用	zzfy	借		启用	新增	
5101001	职工薪酬	zzfy_zgxc	借		启用	新增	编辑 删除
5101002	职工教育经费	zzfy_zgjyjf	借		启用	新增	编辑 删除
5101003	水电费	zzfy_sdf	借		启用	新增	编辑 删除
5101004	折旧费	zzfy_sjf	借		启用	新增	编辑 删除
5101005	设计费	zzfy_sjf	借		启用	新增	编辑 删除

图 2-3-52

【工作实例 2-40】设置"5301 研发支出"科目

操作流程：

(1) 单击"研发支出"科目对应的"新增"按钮，打开"科目管理"对话框，增加 2 个二级明细科目"资本化支出"和"费用化支出"。

(2) 设置完成后的"研发支出"科目如图 2-3-53 所示。

5301	研发支出	yfzc	借	启用	新增 编辑	
5301001	资本化支出	yfzc_zbhzc	借	启用	新增 编辑	删除
5301002	费用化支出	yfzc_fyhzc	借	启用	新增 编辑	删除

图 2-3-53

（五）设置损益类科目卡片

【工作实例 2-41】设置"6001 主营业务收入"科目

操作流程：

(1) 单击"主营业务收入"科目对应的"编辑"按钮，打开"科目管理"对话框，勾选"辅助核算""存货"复选框，单击"保存"按钮，如图 2-3-54 所示。

(2) 设置完成后的"主营业务收入"科目如图 2-3-55 所示。

科目管理

图 2-3-54

| 6001 | 主营业务收入 | zyywsr | 贷 | 存货 | 启用 | 新增 编辑 |

图 2-3-55

【工作实例 2-42】设置"6301 营业外收入"科目

在柠檬云财务软件中,已对"营业外收入"科目内置了部分二级明细科目,根据企业实训案例资料,需要新增 1 个二级明细科目。

操作步骤:

(1) 单击"营业外收入"科目对应的"新增"按钮,打开"科目管理"对话框,增加 1 个二级明细科目"罚款收入"。

(2) 设置完成后的"营业外收入"科目如图 2-3-56 所示。

6301	营业外收入	yywsr	贷		启用	新增	
6301001	非流动资产处置净收益	yywsr_fldzcczjsy	贷		启用	新增	编辑 删除
6301002	政府补助	yywsr_zfbz	贷		启用	新增	编辑 删除
6301003	捐赠收益	yywsr_jzsy	贷		启用	新增	编辑 删除
6301004	盘盈收益	yywsr_pysy	贷		启用	新增	编辑 删除
6301005	罚款收入	yywsr_fksr	贷		启用	新增	编辑 删除

图 2-3-56

【工作实例 2-43】设置"6401 主营业务成本"科目

操作流程:

(1) 单击"主营业务成本"科目对应的"编辑"按钮,打开"科目管理"对话框,勾选"辅助核算""存货"复选框,单击"保存"按钮,如图 2-3-57 所示。

科目管理						
*科目编码	6401		*科目名称	主营业务成本		
*上级科目	没有上级科目		科目类别	损益类		
余额方向	● 借 ○ 贷		科目状态	● 启用 ○ 停用		
□ 数量核算						
☑ 辅助核算 □ 客户 □ 供应商 □ 职员 □ 部门 □ 项目 ☑ 存货 □ 成本项目						
设置辅助核算						
□ 外币核算						
保存 取消						

图 2-3-57

（2）设置完成后的"主营业务成本"科目如图 2-3-58 所示。

6401	主营业务成本	zyywcb	借	存货	启用	新增 编辑

图 2-3-58

【工作实例 2-44】设置 "6403 税金及附加"科目

操作步骤：

（1）单击"税金及附加"科目对应的"新增"按钮，打开"科目管理"对话框，依次增加 3 个二级明细科目"城市维护建设税""教育费附加""地方教育费附加"。

（2）设置完成后的"税金及附加"科目如图 2-3-59 所示。

6403	税金及附加	sjjfj	借		启用	新增	
6403001	城市维护建设税	sjjfj_cswhjss	借		启用	新增 编辑 删除	
6403002	教育费附加	sjjfj_jyffj	借		启用	新增 编辑 删除	
6403003	地方教育费附加	sjjfj_dfjyffj	借		启用	新增 编辑 删除	

图 2-3-59

【工作实例 2-45】设置 "6601 销售费用"科目

在柠檬云财务软件中，已对"销售费用"科目内置了部分二级明细科目，根据企业实训案例资料，需要新增 2 个二级明细科目。

操作步骤：

（1）单击"销售费用"科目对应的"新增"按钮，打开"科目管理"对话框，增加 2 个二级明细科目"职工教育经费"和"车辆费用"。

（2）设置完成后的"销售费用"科目新增明细科目如图 2-3-60 所示。

6601017	职工教育经费	xsfy_zgjyjf	借		启用	新增 编辑 删除
6601018	车辆费用	xsfy_clfy	借		启用	新增 编辑 删除

图 2-3-60

【工作实例 2-46】设置"6602 管理费用"科目

在柠檬云财务软件中,已对"管理费用"科目内置了部分二级明细科目,根据企业实训案例资料,需要新增 5 个二级明细科目。

操作步骤:

(1)单击"管理费用"科目对应的"新增"按钮,打开"科目管理"对话框,依次增加 5 个二级明细科目"职工教育经费""通信费""车辆费用""盈亏""审计费"。

(2)设置完成后的"管理费用"科目新增明细科目如图 2-3-61 所示。

6602013	职工教育经费	glfy_zgjyjf	借		启用	新增 编辑 删除
6602014	通信费	glfy_txf	借		启用	新增 编辑 删除
6602015	车辆费用	glfy_clfy	借		启用	新增 编辑 删除
6602016	盈亏	glfy_yk	借		启用	新增 编辑 删除
6602017	审计费	glfy_sjf	借		启用	新增 编辑 删除

图 2-3-61

【工作实例 2-47】设置"6603 财务费用"科目

在柠檬云财务软件中,已对"财务费用"科目内置了部分二级明细科目,根据企业实训案例资料,需要新增 1 个二级明细科目。

操作流程:

(1)单击"财务费用"科目对应的"新增"按钮,打开"科目管理"对话框,增加 1 个二级明细科目"利息收入"。

(2)设置完成后的"财务费用"科目如图 2-3-62 所示。

6603	财务费用	cwfy			启用	新增
6603001	利息费用	cwfy_lxfy	借		启用	新增 编辑 删除
6603002	手续费	cwfy_sxf	借		启用	新增 编辑 删除
6603003	汇兑损益	cwfy_hdsy	借		启用	新增 编辑 删除
6603004	现金折扣	cwfy_xjzk	借		启用	新增 编辑 删除
6603005	利息收入	cwfy_lxsr	借		启用	新增 编辑 删除

图 2-3-62

【工作实例 2-48】设置"6711 营业外支出"科目

在柠檬云财务软件中,已对"营业外支出"科目内置了部分二级明细科目,根据企业实训案例资料,需要新增 2 个二级明细科目。

操作流程:

(1)单击"营业外支出"科目对应的"新增"按钮,打开"科目管理"对话框,增加 2

个二级明细科目"初始化"和"债务重组损失"。

（2）设置完成后的"营业外支出"新增明细科目如图 2-3-63 所示。

| 6711012 | 初始化 | yywzc_csh | 借 | | 启用 | 新增 编辑 删除 |
| 6711013 | 债务重组损失 | yywzc_zwczss | 借 | | 启用 | 新增 编辑 删除 |

图 2-3-63

知识拓展

在本企业实训案例中，由于营业外支出期初余额没有给出具体明细科目，且柠檬云财务软件中营业外支出存在已预设的明细科目，不能直接在一级会计科目中填写金额，所以增设"初始化"二级明细科目，把营业外支出的期初余额放在"初始化"明细科目中。

二、设置账户与收支类别

除设置科目之外，企业还需进行资金账户和收支类别设置。

【工作实例 2-49】设置现金账户

操作流程：

（1）在首页菜单中，依次单击"资金"→"账户设置"，打开"账户设置"对话框，如图 2-3-64 所示。

| 编码 | 账户名称 | 币别 | 会计科目 | 操作 |
| 001 | 现金 | 人民币 | | 编辑 删除 |

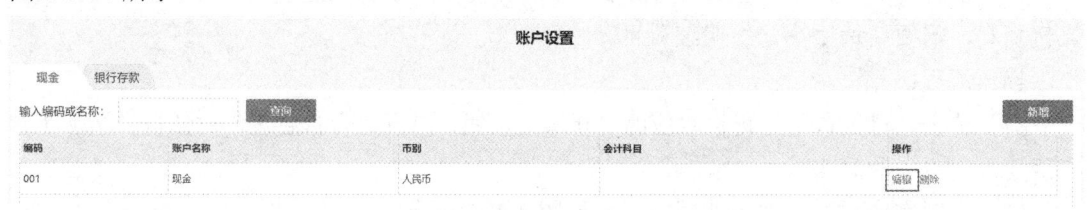

图 2-3-64

（2）单击"现金"选项卡里的"编辑"按钮，打开"现金账户"对话框，会计科目选择"1001 库存现金"，单击"保存"按钮，如图 2-3-65 所示。

图 2-3-65

(3) 设置完成后的现金账户如图 2-3-66 所示。

图 2-3-66

知识拓展

根据实际需要可以对现金账户进行编辑和新增，需要注意的是只有将现金账户关联会计科目，后续才能够进行总账的核对，同时，还可以利用会计科目来生成凭证。

【工作实例 2-50】设置银行存款账户

操作流程：

（1）在首页菜单中，依次单击"资金"→"账户设置"，打开"账户设置"对话框，选择"银行存款"选项卡，单击"工商银行"对应的"删除"按钮，删除原本的银行存款账户，如图 2-3-67 所示。

图 2-3-67

（2）单击"银行存款"选项卡里的"新增"按钮，如图 2-3-68 所示。

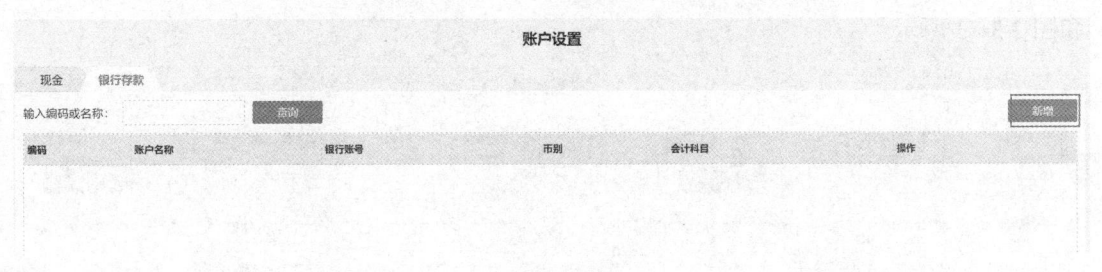

图 2-3-68

（3）根据企业实训案例资料，录入 2 个银行账户信息并保存，如图 2-3-69 和图 2-3-70 所示。

（3）设置完成后的银行存款账户如图 2-3-71 所示。

图 2-3-69

图 2-3-70

图 2-3-71

【工作实例 2-51】设置收支类别

操作流程：

（1）在首页菜单中，依次单击"资金"→"收支类别"，打开"收支类别"对话框，系统中已经对收支类别进行了预设。

（2）根据企业案例资料，对收支类别进行新增或删减，设置后的收支类别如图 2-3-72 和图 2-3-73 所示。

图 2-3-72

收支类别

收入　　支出

输入编码或名称：[　　　]　查询　　　　　　　　　　　　　　　　　　　　　新增

支出编码	支出名称	操作
1	购买商品、接受劳务	编辑 删除
2	支付给职工以及为职工支付的	编辑 删除
3	各项税费	编辑 删除
4	分配股利、利润或偿付利息	编辑 删除
10	其他与经营活动有关	编辑 删除
11	构建固定资产、无形资产和其他长期资产	编辑 删除
12	投资支付	编辑 删除

图 2-3-73

【温馨提示】
　　设置收支类别时，可单击相应的"编辑"按钮在原类别中进行修改，也可以先删除再新增，收入或支出的编码由软件自动生成无须更改。

项目总结

　　财务基础信息的设置为后续业务核算奠定了基础，是后续财务工作开展的前提。正确设置财务基础信息，正确使用财务云软件，构建财经大数据平台，监控预警企业财务情况，既能节省企业的运营成本，又能提高企业的工作效率，为企业财务工作提供便捷。

　　在设置财务基础信息时，仔细体会严谨认真工作态度的重要性，在日后的工作中，要努力发扬爱岗敬业精神和集体主义精神，体现新时代青年的新风貌。

项目三

数据初始化和试算平衡

学习目标

知识目标： 了解云财务软件功能；

熟悉期初数据录入和试算平衡的基本知识和技术方法。

能力目标： 能够依据资料，进行初始数据录入；

能够依据录入的数据进行试算平衡，掌握解决试算不平衡的方法。

素养目标： 依法依规操作云财务软件；

加强财务数据资料涉密管理，保障企业数据安全；

融入理想信念、奉献精神教育，使学生具备严谨认真、诚实守信的工作态度。

项目引例

合肥市美嘉针织有限公司已经结合企业的实际情况和需求，将企业的各项基础档案，如机构职员信息、客商信息、存货档案等，录入云财务软件。如果想要真正开始经济业务的核算工作，只有企业财务基础信息档案是不够的，还需要进行期初数据的维护，将期初财务数据录入软件并进行试算平衡。

思考：

（1）如何将期初数据录入软件？

（2）录入期初数据时需要注意哪些数据之间的钩稽关系？

（3）如果数据录入完毕后，试算不平衡应该怎么办？

带着这些问题，让我们进行本项目的学习。

任务一 期初数据录入

任务导言

企业的财务数据来源于业务经营，作为企业财务工作人员，必须在准确财务数据的基础上正确地进行经济业务的核算,才能更好地将财务工作与业务工作融合起来,提高财务工作质量,所以期初数据维护工作尤为重要。下面让我们开始对合肥市美嘉针织有限公司期初数据进行录入与维护。

一、录入会计科目期初余额

合肥市美嘉针织有限公司 2022 年 3 月 1 日的会计科目数据资料如表 3-1 和表 3-2 所示。

表 3-1 会计科目期初余额表 金额单位：元

科目编码	科目名称	方向	期初余额 金额	借方累计 金额	贷方累计 金额	年初余额 金额
1001	库存现金	借	9268.64	30000	48007.36	27276
1001	库存现金_期初现金余额	借	9268.64	30000	48007.36	27276
1002	银行存款	借	1389488.16	5820912	5679623.84	1248200
1002001	建设银行合肥经开支行	借	1216688.16	5783656	5674367.84	1107400
1002001	建设银行合肥经开支行_期初现金余额	借	1216688.16	5783656	5674367.84	1107400
1002002	建设银行合肥明珠广场支行	借	172800	37256	5256	140800
1002002	建设银行合肥明珠广场支行_期初现金余额	借	172800	37256	5256	140800
1012	其他货币资金	借	380000	430000	550000	500000
1012001	存出投资款	借	380000	430000	550000	500000
1012001	存出投资款_期初现金余额	借	380000	430000	550000	500000
1101	交易性金融资产	借	550000	550000	130000	130000
1101001	江南高纤	借			130000	130000
110100101	成本	借			120000	120000
110100102	公允价值变动	借			10000	10000
1101002	国药股份	借	550000	550000		0
110100201	成本	借	550000	550000		0
1121	应收票据	借	2000000	2250000	1150000	900000
1121	应收票据_合肥新世界百货有限公司			250000	750000	500000
1121	应收票据_安徽美丽布艺有限公司	借		400000		400000
1121	应收票据_南京富莱针织有限公司	借	800000	800000		0
1121	应收票据_安徽名轩服饰有限公司	借	500000	500000		0
1121	应收票据_安徽庆鑫纺织有限公司	借	700000	700000		0
1122	应收账款	借	5326000	7126000	5733816.06	3933816.06
1122	应收账款_南京富莱针织有限公司	借	1200000	2200000	2400000	1400000
1122	应收账款_安徽名轩服饰有限公司	借	1100000	1800000	1700000	1000000
1122	应收账款_安徽俏丽女装有限公司	借	200000			200000
1122	应收账款_山东安奈纺织品有限公司	借	500000	500000	810000	810000
1122	应收账款_安徽香奈服装有限公司	借	326000	426000		-100000

续表

科目编码	科目名称	方向	期初余额 金额	借方累计 金额	贷方累计 金额	年初余额 金额
1122	应收账款_芜湖施贝嘉纺织有限公司	借	500000	500000		0
1122	应收账款_合肥市艾拓服饰有限公司	借	1000000	1200000	823816.06	623816.06
1122	应收账款_安徽金星纺织化纤有限公司	借	500000	500000		0
1123	预付账款	借		100000	50000	-50000
1123	预付账款_安徽迪卡丝线有限公司	借			50000	50000
1123	预付账款_合肥安曼服装辅料有限公司	借		100000		-100000
1221	其他应收款	借	7500		5500	13000
1221	其他应收款_王明睿	借	5000		3000	8000
1221	其他应收款_康帅	借	2500		2500	5000
1231	坏账准备	贷	7200			7200
1231001	计提应收账款准备	贷	7200			7200
1511	长期股权投资	借	600000			600000
1511001	南京市蒙利乳业股份有限公司	借	600000			600000
151100101	成本	借	450000			450000
151100102	损益调整	借	50000			50000
151100103	其他综合收益	借	100000			100000
1601	固定资产	借	4468600			4468600
1601001	房屋建筑物	借	3000000			3000000
1601002	生产设备	借	1064000			1064000
1601003	运输设备	借	256600			256600
1601004	管理设备	借	148000			148000
1602	累计折旧	贷	1344896		45760	1299136
1602001	房屋建筑物	贷	532800		24000	508800
1602002	生产设备	贷	442624		17024	425600
1602003	运输设备	贷	246336			246336
1602004	管理设备	贷	123136		4736	118400
1701	无形资产	借	2950000			2950000
1701001	土地使用权	借	2100000			2100000
1701002	商标权	借	500000			500000
1701003	专利权	借	350000			350000
1702	累计摊销	贷	611666.76		25833.34	585833.42
1702001	土地使用权	贷	309166.49		11666.66	297499.83
1702002	商标权	贷	220833.51		8333.34	212500.17
1702003	专利权	贷	81666.76		5833.34	75833.42
1811	递延所得税资产	借	612388.93			612388.93

续表

科目编码	科目名称	方向	期初余额 金额	借方累计 金额	贷方累计 金额	年初余额 金额
1811001	应收账款	借	2155			2155
1811002	可弥补亏损	借	610233.93			610233.93
2001	短期借款	贷	1000000			1000000
2001001	建设银行合肥明珠广场支行	贷	1000000			1000000
2202	应付账款	贷	1595233.93	2396600	1472600	2519233.93
2202	应付账款_合肥新洋化学纤维有限公司	贷	1525233.93	1878600	1234600	2169233.93
2202	应付账款_合肥皖达化纤股份有限公司	贷	60000	390000	200000	250000
2202	应付账款_江苏精益纺织纱线有限公司	贷	10000	128000	38000	100000
2211	应付职工薪酬	贷	541801.08	1663170.98	1686674.14	518297.92
2211001	短期薪酬	贷	541801.08	1428818.18	1452321.34	518297.92
221100101	工资	贷	528238.68	1132516.8	1154995.78	505759.7
221100102	医疗保险	贷		127828.8	127828.8	0
221100103	工伤保险	贷		2367.2	2367.2	0
221100104	住房公积金	贷		142032	142032	0
221100105	工会经费	贷	13562.4	24073.38	25097.56	12538.22
2211002	离职后福利	贷		234352.8	234352.8	
221100201	养老保险	贷		224884	224884	0
221100202	失业保险	贷		9468.8	9468.8	0
2221	应交税费	贷	166941.24	2258418.79	1939258.86	486101.17
2221001	应交增值税	贷		1318538.35	1318538.35	0
222100101	进项税额	借	23973238.91	771554.81		23201684.1
222100103	转出未交增值税	借	5245236.08	546983.54		4698252.54
222100104	减免税款	借				0
222100105	销项税额	贷	29218474.99		1318538.35	27899936.64
2221002	未交增值税	贷	146235	559648.54	546983.54	158900
2221006	应交所得税	贷		303671.17		303671.17
2221008	应交城市维护建设税	贷	10236.45	39215.81	38329.26	11123
2221012	应交个人所得税	贷	3158.04	8756.26	7452.3	4462
2221013	教育费附加	贷	4387.05	16806.78	16426.83	4767
2221014	地方教育费附加	贷	2924.7	11204.52	10951.22	3178
2221024	转让金融商品应交增值税	贷		577.36	577.36	0
2231	应付利息	贷	20000		20000	0
4001	实收资本	贷	12000000			12000000
4004	其他综合收益	贷	100000			100000
4101	盈余公积	贷	123816.06			123816.06

续表

科目编码	科目名称	方向	期初余额 金额	借方累计 金额	贷方累计 金额	年初余额 金额
4101001	法定盈余公积	贷	123816.06			123816.06
4103	本年利润	贷	2503885.09		2503885.09	0
4104	利润分配	贷	1114344.52			1114344.52
4104006	未分配利润	贷	1114344.52			1114344.52
5001	生产成本	借	304793.75	5561383.46	6612112.37	1355522.66
5001	生产成本_A类棉混纺针织布_直接材料	借	47642	845160.23	1012080.73	214562.5
5001	生产成本_A类棉混纺针织布_直接人工	借	8128.25	301210.67	350299.09	57216.67
5001	生产成本_A类棉混纺针织布_制造费用	借	2111.5	52817.11	65009.78	14304.17
5001	生产成本_B类棉混纺针织布_直接材料	借	69450	929441.54	1094554.04	234562.5
5001	生产成本_B类棉混纺针织布_直接人工	借	14280	303746.83	352016.83	62550
5001	生产成本_B类棉混纺针织布_制造费用	借	3504	58424.71	70558.21	15637.5
5001	生产成本_A类尼龙混纺弹力针织布_直接材料	借	68298	1017502.86	1237996.86	288792
5001	生产成本_A类尼龙混纺弹力针织布_直接人工	借	10417.5	313250.1	379843.8	77011.2
5001	生产成本_A类尼龙混纺弹力针织布_制造费用	借	3375	60952.64	76830.44	19252.8
5001	生产成本_B类尼龙混纺弹力针织布_直接材料	借	64920	1210381.1	1424186.1	278725
5001	生产成本_B类尼龙混纺弹力针织布_直接人工	借	9870	394748.53	459205.2	74326.67
5001	生产成本_B类尼龙混纺弹力针织布_制造费用	借	2797.5	73747.14	89531.29	18581.65
5101	制造费用	借		245941.6	245941.6	0
5101001	职工薪酬	借		153587.6	153587.6	0
5101002	职工教育经费	借		4066	4066	0
5101003	水电费	借		51092	51092	0
5101004	折旧费	借		29824	29824	0
5101005	设计费	借		7372	7372	0
5301	研发支出	借	167165.2	173340.5	6175.3	0
5301001	资本化支出	借	167165.2	167165.2		0
5301002	费用化支出	借		6175.3	6175.3	0
6001	主营业务收入	贷		10142602.67	10142602.67	0
6001	主营业务收入_A类棉混纺针织布	贷		2301333.08	2301333.08	0
6001	主营业务收入_B类棉混纺针织布	贷		2560639.15	2560639.15	0
6001	主营业务收入_A类尼龙混纺弹力针织布	贷		2673549.52	2673549.52	0
6001	主营业务收入_B类尼龙混纺弹力针织布	贷		2607080.92	2607080.92	0
6111	投资收益	贷		1177.6	1177.6	0
6401	主营业务成本	借		6922691.74	6922691.74	0
6401	主营业务成本_A类棉混纺针织布	借		1585866.5	1585866.5	0
6401	主营业务成本_B类棉混纺针织布	借		1734415.45	1734415.45	0

续表

科目编码	科目名称	方向	期初余额 金额	借方累计 金额	贷方累计 金额	年初余额 金额
6401	主营业务成本_A类尼龙混纺弹力针织布	借		1807807.19	1807807.19	0
6401	主营业务成本_B类尼龙混纺弹力针织布	借		1794602.6	1794602.6	0
6403	税金及附加	借		65707.31	65707.31	0
6403001	城市维护建设税	借		38329.26	38329.26	0
6403002	教育费附加	借		16426.83	16426.83	0
6403003	地方教育费附加	借		10951.22	10951.22	0
6601	销售费用	借		243251.31	243251.31	0
6601001	销售人员职工薪酬	借		185516	185516	0
6601005	水电费	借		889	889	0
6601007	折旧费	借		800	800	0
6601011	运输费	借		14791.51	14791.51	0
6601013	包装费	借		10610	10610	0
6601016	业务宣传费	借		27644.8	27644.8	0
6601017	职工教育经费	借		3000	3000	0
6602	管理费用	借		360850.12	360850.12	0
6602001	管理人员职工薪酬	借		269613.6	269613.6	0
6602002	业务招待费	借		5600	5600	0
6602003	修理费	借		3890	3890	0
6602004	办公费	借		3500	3500	0
6602005	水电费	借		4961.88	4961.88	0
6602006	差旅费	借		8520	8520	0
6602007	折旧费	借		13056	13056	0
6602008	摊销费	借		25833.34	25833.34	0
6602010	研究费用	借		6175.3	6175.3	0
6602013	职工教育经费	借		8000	8000	0
6602014	通信费	借		3200	3200	0
6602015	车辆费用	借		8500	8500	0
6603	财务费用	借		35039.5	35039.5	0
6603001	利息费用	借		20000	20000	0
6603002	手续费	借		123.5	123.5	0
6603004	现金折扣	借		14916	14916	0
6711	营业外支出	借		10000	10000	0
6711012	初始化	借		10000	10000	0

表 3-2　存货类科目明细账期初余额表　　　　　　　　　　金额单位：元

科目编码	科目名称	方向	期初余额 数量	期初余额 金额	借方累计 数量	借方累计 金额	贷方累计 数量	贷方累计 金额	年初余额 数量	年初余额 金额
1403	原材料	借	83900 米	747300	277560 米	3605055.78	299648 米	4010055.78	105988 米	1152300
1403	原材料_锦纶高弹丝 40D	借	12000 米	216000	80235 米	1444237.59	101902 米	1834237.59	33667 米	606000
1403	原材料_锦纶高弹丝 70D	借	20000 米	440000	86380 米	1900363.64	86835 米	1910363.64	20455 米	450000
1403	原材料_锦纶光丝 40D	借	6800 米	34000	24509 米	122545.45	26909 米	134545.45	9200 米	46000
1403	原材料_锦纶光丝 70D	借	15000 米	4500	21212 米	6363.64	21212 米	6363.64	15000 米	4500
1403	原材料_涤纶丝 50D	借	15000 米	7500	17455 米	8727.27	17455 米	8727.27	15000 米	7500
1403	原材料_涤纶丝 68D	借	2000 米	7200	2601 米	9363.64	2601 米	9363.64	2000 米	7200
1403	原材料_氨纶丝 30D	借	2000 米	10000	2131 米	10654.55	2131 米	10654.55	2000 米	10000
1403	原材料_氨纶丝 40D	借	7000 米	14000	24273 米	48545.45	20773 米	41545.45	3500 米	7000
1403	原材料_氨纶丝 70D	借	2100 米	10500	6400 米	32000	5800 米	29000	1500 米	7500
1403	原材料_棉纱 CF40	借	2000 米	3600	12364 米	22254.55	14030 米	25254.55	3666 米	6600
1405	库存商品	借	3580 米	1597280	15418 米	6612112.37	16441 米	6922691.74	4603 米	1907859.37
1405	库存商品_A 类棉混纺针织布	借	970 米	310400	4461 米	1427389.6	4956 米	1585866.5	1465 米	468876.9
1405	库存商品_B 类棉混纺针织布	借	900 米	297000	4597 米	1517129.08	5256 米	1734415.45	1559 米	514286.37
1405	库存商品_A 类尼龙混纺弹力针织布	借	850 米	510000	2824 米	1694671.1	3013 米	1807807.19	1039 米	623136.09
1405	库存商品_B 类尼龙混纺弹力针织布	借	860 米	479880	3536 米	1972922.59	3216 米	1794602.6	540 米	301560.01
1411	周转材料	借	10000 米	20000	12805 米	25610	5305 米	10610	2500 米	5000
1411	周转材料_纸箱	借	10000 个	20000	12805 个	25610	5305 个	10610	2500 个	5000

根据企业实训案例资料表 3-1 和表 3-2，在软件首页菜单中依次单击"设置"→"期初"，打开"期初设置"页面，进行期初余额的录入。

【温馨提示】

（1）在录入过程中，需要先录入会计科目期初余额，再录入借方累计、贷方累计，最后一栏"年初余额"不需要录入，系统会根据期初余额、借方累计和贷方累计自动生成年初余额数据，核对一致，则录入无误。

（2）录入期初余额时，应从最后一级科目开始录入，如某一总账科目最后一级科目为三级明细科目，则应先录入三级明细科目的期初余额。

（3）为防止出错，每个科目在录入期初余额、借方累计、贷方累计完毕后，均要把自动生成的年初余额与实训资料中的年初余额进行核对，检查是否一致。

（4）本部分内容比较简单，只对特殊科目的期初余额录入进行具体说明。

（一）完成设置辅助核算的会计科目期初余额录入

【工作实例 3-1】完成"应收票据""应收账款""预付账款""应付账款"科目期初余额录入

有辅助核算的会计科目期初余额录入（应收票据）

1. 录入"应收票据"科目期初余额

（1）单击"应收票据"科目后面的"+"图标，打开"增加明细"对话框，如图 3-1-1 所示。

图 3-1-1

（2）在序号 1 对应的客户下拉列表中，选择客户名称，如图 3-1-2 所示。

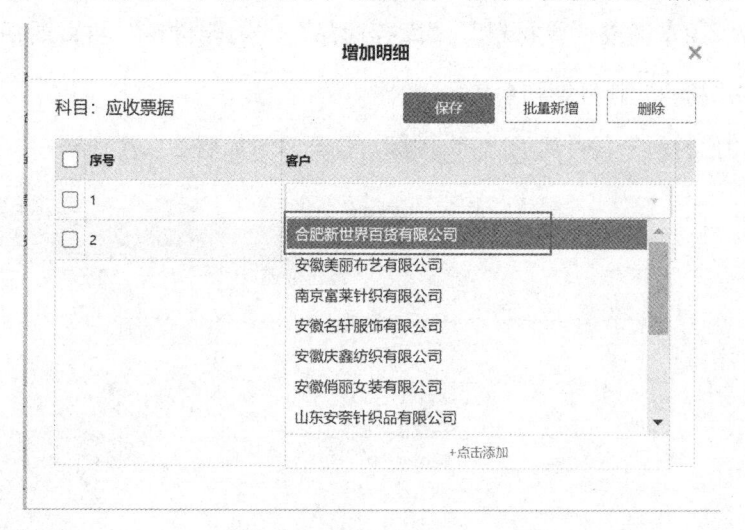

图 3-1-2

（3）重复第二步，按序号依次增加 5 个明细科目，然后单击"保存"按钮，完成后如图 3-1-3 所示。

1121	应收票据 +	借				
1121_1	应收票据_合肥新世界百货有限公司	借				
1121_2	应收票据_安徽美丽布艺有限公司 ×	借				
1121_3	应收票据_南京富莱针织有限公司 ×	借				
1121_4	应收票据_安徽名轩服饰有限公司 ×	借				
1121_5	应收票据_安徽庆鑫纺织有限公司 ×	借				

图 3-1-3

（4）根据表 3-1 数据资料，逐一填写名明细科目的期初余额，随着明细科目数据填写的完成，系统会自动生成对应总账科目的金额。完成录入后，"应收票据"科目如图 3-1-4 所示。

1121	应收票据 +	借	2,000,000.00	2,250,000.00	1,150,000.00	900,000.00
1121_1	应收票据_合肥新世界百货有限公司 ×	借		250,000.00	750,000.00	500,000.00
1121_2	应收票据_安徽美丽布艺有限公司 ×	借			400,000.00	400,000.00
1121_3	应收票据_南京富莱针织有限公司 ×	借	800,000.00	800,000.00		
1121_4	应收票据_安徽名轩服饰有限公司 ×	借	500,000.00	500,000.00		
1121_5	应收票据_安徽庆鑫纺织有限公司 ×	借	700,000.00	700,000.00		

图 3-1-4

2. 录入"应收账款""预付账款""应付账款"科目期初余额

与"应收票据"期初余额录入操作流程相同，在此不再赘述。

【温馨提示】
录入期初余额时，只须增加有期初余额的明细科目。

【工作实例 3-2】完成"原材料""库存商品""周转材料"科目期初余额录入

1. 录入"原材料"科目期初余额

（1）单击"原材料"科目后的"+"图标，打开"增加明细"对话框，如图 3-1-5 所示。

图 3-1-5

（2）在序号 1 对应的存货下拉列表中，选择存货名称，如图 3-1-6 所示。

图 3-1-6

（3）重复第二步，按序号依次增加 10 个明细科目，然后单击"保存"按钮，完成后如图 3-1-7 所示。

1403	原材料 +	借							
1403_1	原材料_锦纶高弹丝40D x	借							
1403_2	原材料_锦纶高弹丝70D x	借							
1403_3	原材料_锦纶光丝40D x	借							
1403_4	原材料_锦纶光丝70D x	借							
1403_5	原材料_涤纶丝50D x	借							
1403_6	原材料_涤纶丝68D x	借							
1403_7	原材料_氨纶丝30D x	借							
1403_8	原材料_氨纶丝40D x	借							
1403_9	原材料_氨纶丝70D x	借							
1403_10	原材料_槐纱CF40 x	借							

图 3-1-7

（4）根据表 3-2 数据资料，逐一填写各明细科目的期初数据，随着明细科目数据填写的完成，系统平台会自动生成对应总账科目数据。完成录入后"原材料"科目如图 3-1-8 所示。

1403	原材料 +	借	83,900.0000	747,300.00	277,560.0000	3,605,055.78	299,648.0000	4,010,055.78	105,988.0000	1,152,300.00
1403_1	原材料_锦纶高弹丝40D x	借	12,000.0000	216,000.00	80,235.0000	1,444,237.59	101,902.0000	1,834,237.59	33,667.0000	606,000.00
1403_2	原材料_锦纶高弹丝70D x	借	20,000.0000	440,000.00	86,380.0000	1,900,363.64	86,835.0000	1,910,363.64	20,455.0000	450,000.00
1403_3	原材料_锦纶光丝40D x	借	6,800.0000	34,000.00	24,509.0000	122,545.45	26,909.0000	134,545.45	9,200.0000	46,000.00
1403_4	原材料_锦纶光丝70D x	借	15,000.0000	4,500.00	21,212.0000	6,363.64	21,212.0000	6,363.64	15,000.0000	4,500.00
1403_5	原材料_涤纶丝50D x	借	15,000.0000	7,500.00	17,455.0000	8,727.27	17,455.0000	8,727.27	15,000.0000	7,500.00
1403_6	原材料_涤纶丝68D x	借	2,000.0000	7,200.00	2,601.0000	9,363.64	2,601.0000	9,363.64	2,000.0000	7,200.00
1403_7	原材料_氨纶丝30D x	借	2,000.0000	10,000.00	2,131.0000	10,654.55	2,131.0000	10,654.55	2,000.0000	10,000.00
1403_8	原材料_氨纶丝40D x	借	7,000.0000	14,000.00	24,273.0000	48,545.45	20,773.0000	41,545.45	3,500.0000	7,000.00
1403_9	原材料_氨纶丝70D x	借	2,100.0000	10,500.00	6,400.0000	32,000.00	5,800.0000	29,000.00	1,500.0000	7,500.00
1403_10	原材料_槐纱CF40 x	借	2,000.0000	3,600.00	12,364.0000	22,254.55	14,030.0000	25,254.55	3,666.0000	6,600.00

图 3-1-8

2. 录入"库存商品""周转材料"科目期初余额

与"原材料"科目期初余额录入操作流程相同，在此不再赘述。

【工作实例3-3】完成"生产成本"科目期初余额录入

（1）单击"生产成本"科目后的"+"图标，打开"增加明细"对话框，如图3-1-9所示。

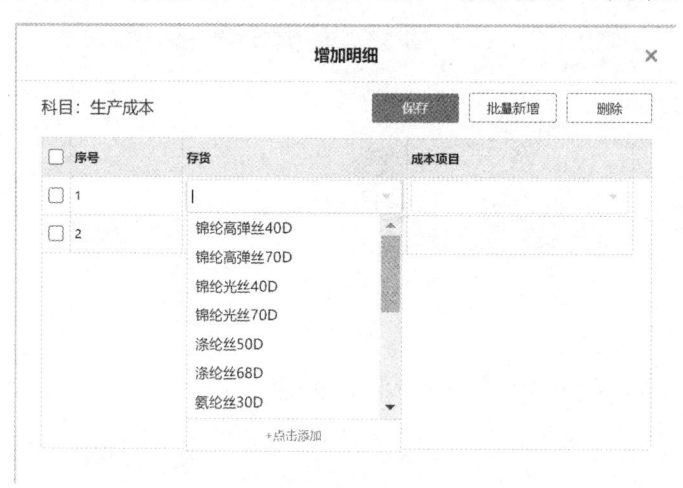

图 3-1-9

（2）在序号1对应的存货下拉列表中，选择"A类棉混纺针织布"，在成本项目下拉列表中，选择"直接材料"，如图3-1-10所示。

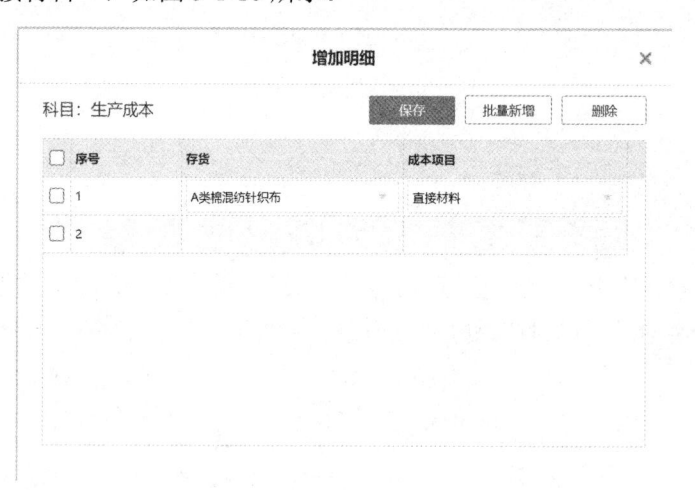

图 3-1-10

（3）在序号2对应的存货下拉列表中，选择"A类棉混纺针织布"，在成本项目下拉表中，选择"直接人工"，如图3-1-11所示。

（4）在序号3对应的存货下拉列表中，选择"A类棉混纺针织布"，在成本项目下拉表中，选择"制造费用"，如图3-1-12所示。

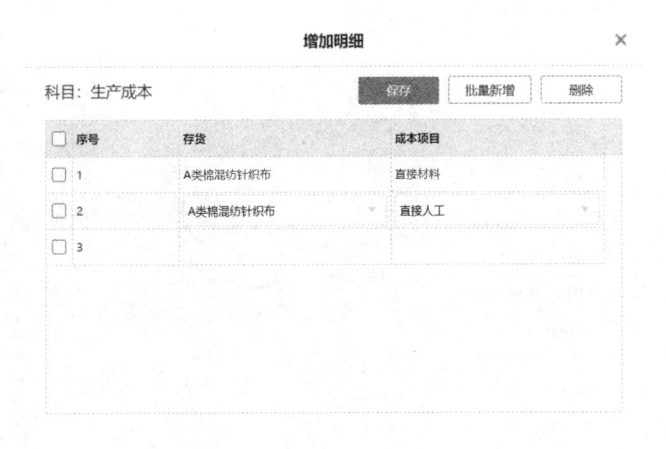

图 3-1-11

图 3-1-12

（5）单击"保存"按钮，完成后的"生产成本_A 类棉混纺针织布"明细科目如图 3-1-13 所示。

图 3-1-13

（6）重复第二至第四步，进行"生产成本_B 类棉混纺针织布"明细科目、"生产成本_A 类尼龙混纺弹力针织布"明细科目和"生产成本_B 类尼龙混纺弹力针织布"明细科目的添加。

（7）添加完明细科目后的"生产成本"科目如图 3-1-14 所示。

（8）根据表 3-1 数据资料，逐一填写明细科目的期初余额数据，随着明细科目数据填写的完成，系统会自动生成对应总账科目数据。完成录入后的"生产成本"科目如图 3-1-15 所示。

5001	生产成本	+		借			
5001_11_1	生产成本_A类棉混纺针织布_直接材料	x		借			
5001_11_2	生产成本_A类棉混纺针织布_直接人工	x		借			
5001_11_3	生产成本_A类棉混纺针织布_制造费用	x		借			
5001_12_1	生产成本_B类棉混纺针织布_直接材料	x		借			
5001_12_2	生产成本_B类棉混纺针织布_直接人工	x		借			
5001_12_3	生产成本_B类棉混纺针织布_制造费用	x		借			
5001_13_1	生产成本_A类尼龙混纺弹力针织布_直接材料	x		借			
5001_13_2	生产成本_A类尼龙混纺弹力针织布_直接人工	x		借			
5001_13_3	生产成本_A类尼龙混纺弹力针织布_制造费用	x		借			
5001_14_1	生产成本_B类尼龙混纺弹力针织布_直接材料	x		借			
5001_14_2	生产成本_B类尼龙混纺弹力针织布_直接人工	x		借			
5001_14_3	生产成本_B类尼龙混纺弹力针织布_制造费用	x		借			

图 3-1-14

5001	生产成本	+		借	304,793.75	5,561,383.46	6,612,112.37	1,355,522.66
5001_11_1	生产成本_A类棉混纺针织布_直接材料	x		借	47,642.00	845,160.23	1,012,080.73	214,562.50
5001_11_2	生产成本_A类棉混纺针织布_直接人工	x		借	8,128.25	301,210.67	350,299.09	57,216.67
5001_11_3	生产成本_A类棉混纺针织布_制造费用	x		借	2,111.50	52,817.11	65,009.78	14,304.17
5001_12_1	生产成本_B类棉混纺针织布_直接材料	x		借	69,450.00	929,441.54	1,094,554.04	234,562.50
5001_12_2	生产成本_B类棉混纺针织布_直接人工	x		借	14,280.00	303,746.83	352,016.83	62,550.00
5001_12_3	生产成本_B类棉混纺针织布_制造费用	x		借	3,504.00	58,424.71	70,558.21	15,637.50
5001_13_1	生产成本_A类尼龙混纺弹力针织布_直接材料	x		借	68,298.00	1,017,502.86	1,237,996.88	288,792.00
5001_13_2	生产成本_A类尼龙混纺弹力针织布_直接人工	x		借	10,417.50	313,250.10	379,843.80	77,011.20
5001_13_3	生产成本_A类尼龙混纺弹力针织布_制造费用	x		借	3,375.00	60,952.64	76,830.44	19,252.80
5001_14_1	生产成本_B类尼龙混纺弹力针织布_直接材料	x		借	64,920.00	1,210,381.10	1,424,186.10	278,725.00
5001_14_2	生产成本_B类尼龙混纺弹力针织布_直接人工	x		借	9,870.00	394,748.53	459,205.20	74,326.67
5001_14_3	生产成本_B类尼龙混纺弹力针织布_制造费用	x		借	2,797.50	73,747.14	89,531.29	18,581.65

图 3-1-15

【工作实例 3-4】完成"主营业务收入""主营业务成本"科目期初余额录入

(1)单击"主营业务收入"科目后的"+"图标,打开"增加明细"对话框,如图 3-1-16 所示。

图 3-1-16

(2) 在序号 1 对应的存货下拉列表中,选择"A 类棉混纺针织布"。

(3) 依次增加 4 个明细科目后单击"保存"按钮。完成录入后的"主营业务收入"科目如图 3-1-17 所示。

6001	主营业务收入 +		贷		
6001_11	主营业务收入_A类棉混纺针织布 x		贷		
6001_12	主营业务收入_B类棉混纺针织布 x		贷		
6001_13	主营业务收入_A类尼龙混纺弹力针织布 x		贷		
6001_14	主营业务收入_B类尼龙混纺弹力针织布 x		贷		

图 3-1-17

(4) 根据表 3-1 数据资料,逐一填写"主营业务收入"科目各明细科目的期初余额数据,随着明细科目数据填写的完成,系统会自动生成对应总账科目数据。

(5) 录入"主营业务成本"科目各明细科目的期初余额数据。

(6) 完成录入后的"主营业务收入"科目和"主营业务成本"科目如图 3-1-18 和图 3-1-19 所示。

6001	主营业务收入 +		贷	10,142,602.67	10,142,602.67
6001_11	主营业务收入_A类棉混纺针织布 x		贷	2,301,333.08	2,301,333.08
6001_12	主营业务收入_B类棉混纺针织布 x		贷	2,560,639.15	2,560,639.15
6001_13	主营业务收入_A类尼龙混纺弹力针织布 x		贷	2,673,549.52	2,673,549.52
6001_14	主营业务收入_B类尼龙混纺弹力针织布 x		贷	2,607,080.92	2,607,080.92

图 3-1-18

6401	主营业务成本 +		借	6,922,691.74	6,922,691.74
6401_11	主营业务成本_A类棉混纺针织布 x		借	1,585,866.50	1,585,866.50
6401_12	主营业务成本_B类棉混纺针织布 x		借	1,734,415.45	1,734,415.45
6401_13	主营业务成本_A类尼龙混纺弹力针织布 x		借	1,807,807.19	1,807,807.19
6401_14	主营业务成本_B类尼龙混纺弹力针织布 x		借	1,794,602.60	1,794,602.60

图 3-1-19

(二) 完成其他会计科目期初余额录入

【工作实例 3-5】完成合肥市美嘉针织有限公司其他会计科目期初余额录入

根据表 3-1 数据资料,逐一填写每个会计科目的期初余额、借方累计、贷方累计,完成期初余额的录入。

二、录入现金日记账与银行存款日记账初始化余额

完成会计科目期初余额录入后,还需要对现金日记账与银行存款日记账初始化余额进行录入。

【工作实例 3-6】完成现金日记账初始化余额录入

(1) 在首页菜单中,依次单击"资金"→"现金日记账",打开"现金日记账"页面。

（2）根据表 3-1 数据资料，录入现金初始化余额数据，如图 3-1-20 所示。

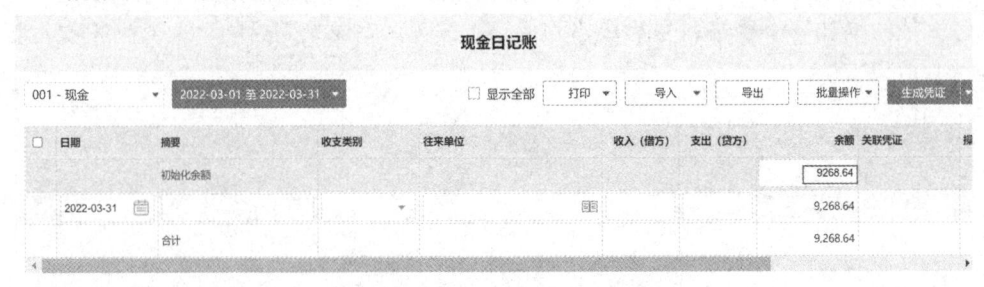

图 3-1-20

【工作实例 3-7】完成银行存款日记账初始化余额录入

（1）在首页菜单中，依次单击"资金"→"银行日记账"，打开"银行日记账"页面。

（2）根据表 3-1 数据资料，录入银行存款两个明细科目的初始化余额数据，如图 3-1-21 和图 3-1-22 所示。

图 3-1-21

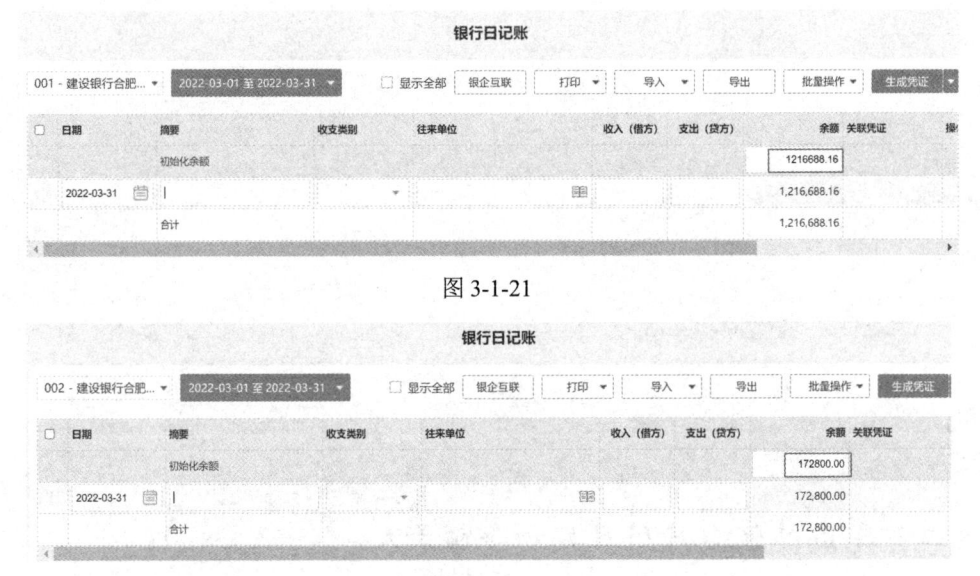

图 3-1-22

【温馨提示】

"银行存款"科目有两个明细科目，所以录入银行存款日记账初始化余额时记得对当前账户进行核对，确保账户名称和初始化余额正确。

任务二　财务报表初始化

资产负债表
期初数据维护

任务导言

除需要对会计科目期初余额数据进行维护外，还需要对财务报表的期初数据进行维护。

下面我们就结合合肥市美嘉针织有限公司的实训案例资料,来说明如何对财务报表(资产负债表和利润表)的期初数据进行维护。

一、资产负债表初始化

资产负债表初始化主要是指核对已录入的资产负债表的期初余额是否平衡,如果不平衡,要分析查找原因,并进行报表项目公式的编辑和修改。

【工作实例 3-8】资产负债表期初数据维护

(1)在首页菜单中,依次单击"报表"→"资产负债表",打开"资产负债表"页面,系统提示不平,如图 3-2-1 所示。

资产负债表

资产	行次	期末余额	年初余额	负债和所有者权益	行次	期末余额	年初余额
流动资产:							
货币资金	1	1,778,756.80	1,775,476.00	短期借款	35	1,000,000.00	1,000,000.00
交易性金融资产	2	550,000.00	130,000.00	交易性金融负债	36		
衍生金融资产	3			衍生金融负债	37		
应收票据	4	2,000,000.00	900,000.00	应付票据	38		
应收账款	5	5,318,800.00	3,926,616.06	应付账款	39	1,595,233.93	2,519,233.93
应收款项融资	6			预收款项	40		
预付款项	7		-50,000.00	合同负债	41		
其他应收款	8	7,500.00	13,000.00	应付职工薪酬	42	541,801.08	518,297.92
存货	9	2,669,373.75	4,420,682.03	应交税费	43	166,941.24	486,101.17
合同资产	10			其他应付款	44	20,000.00	
持有待售资产	11			持有待售负债	45		
一年内到期的非流动资产	12			一年内到期的非流动负债	46		
其他流动资产	13			其他流动负债	47		
流动资产合计	14	12,324,430.55	11,115,774.09	流动负债合计	48	3,323,976.25	4,523,633.02

图 3-2-1

(2)根据报表日期右侧提示的"不平原因",将鼠标光标移动到资产负债表右侧"其他综合收益"项目处,其后显示"编辑公式"按钮,如图 3-2-2 所示。

无形资产	27	2,338,333.24	2,364,166.58	所有者权益(或股东权益):			
开发支出	28	167,165.20		实收资本(或股本)	61	12,000,000.00	12,000,000.00
商誉	29			其他权益工具	62		
长期待摊费用	30			其中:优先股	63		
递延所得税资产	31	612,388.93	612,388.93	永续债	64		
其他非流动资产	32			资本公积	65		
非流动资产合计	33	6,841,591.37	6,746,019.51	减:库存股	66		
				其他综合收益 编辑公式	67		
				专项储备	68		

图 3-2-2

（3）单击"编辑公式"按钮，打开"编辑公式-其他综合收益"对话框，在第一行科目名称下拉列表中选择"其他综合收益"，对应运算符号选择"+"，对应取数规则默认为"余额"，如图3-2-3所示。

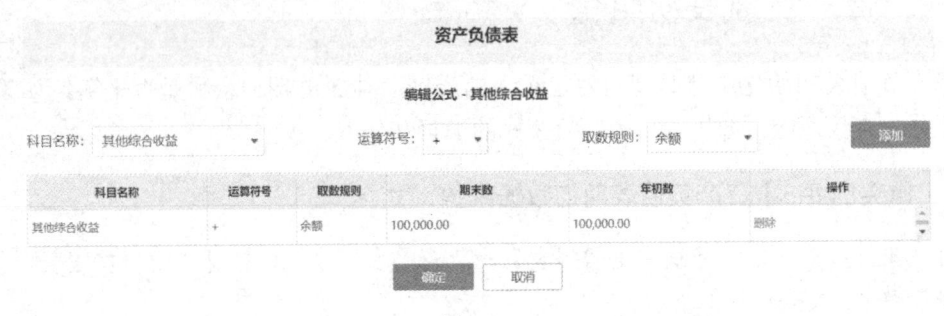

图 3-2-3

（4）单击"添加"按钮并保存，资产负债表显示已平衡。

【温馨提示】
因为系统预设的资产负债表中未设置"其他综合收益"项目的公式，导致期初资产负债表不平衡，需增设该项目公式。

二、利润表初始化

利润表初始化主要是核对1—2月份的利润表与企业资料是否一致，如果不一致，要分析、查找原因，并进行报表项目公式的编辑和修改。

【工作实例3-9】利润表期初数据维护

在首页菜单中，依次单击"报表"→"利润表"，打开"利润表"页面。

1. 维护"管理费用"项目数据

（1）将鼠标光标移动到"管理费用"项目处，其后显示出"编辑公式"按钮，如图3-2-4所示。

图 3-2-4

（2）单击"编辑公式"按钮，打开"编辑公式-管理费用"对话框，在第一行科目名称下拉列表中选择"管理费用"，对应运算符号选择"+"，对应取数规则选择"发生额，单击"添加"按钮；接着在第二行科目名称下拉列表中选择"管理费用-研究费用"，对应运算符号选择"–"，对应取数规则选择"发生额"，单击"添加"按钮，如图3-2-5所示。

图 3-2-5

（3）单击"确定"按钮，保存。

2. 维护"研发费用"项目数据

（1）将鼠标光标移动到"研发费用"项目处，其后显示出"编辑公式"按钮。

（2）单击"编辑公式"选项，打开"编辑公式-研发费用"对话框，在第一行科目名称下拉列表中选择"管理费用-研究费用"，对应运算符号选择"+"，对应取数规则选择"发生额"，单击"添加"按钮，如图3-2-6所示。

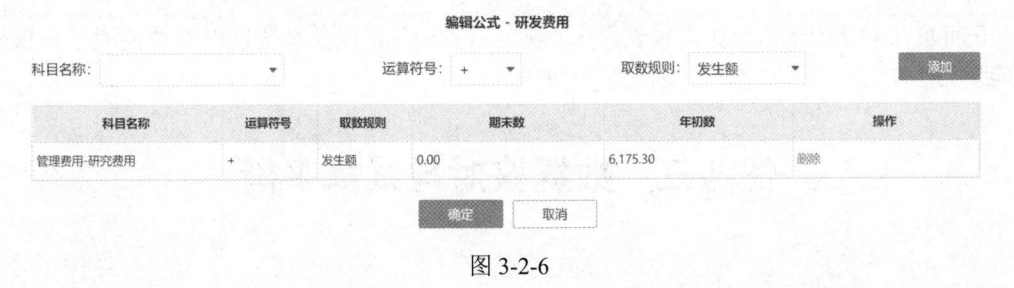

图 3-2-6

（3）单击"确定"按钮，保存。

3. 维护"利息费用"项目数据

（1）将鼠标光标移动到"利息费用"项目处，其后显示出"编辑公式"按钮。

（2）单击"编辑公式"按钮，打开"编辑公式-其中：利息费用"对话框，在第一行科目名称下拉列表中选择"财务费用-利息费用"，对应运算符号选择"+"，对应取数规则选择"发生额"，单击"添加"按钮，如图3-2-7所示。

（3）单击"确定"按钮，保存。

4. 维护"利息收入"项目数据

（1）将鼠标光标移动到"利息收入"项目处，其后显示出"编辑公式"按钮。

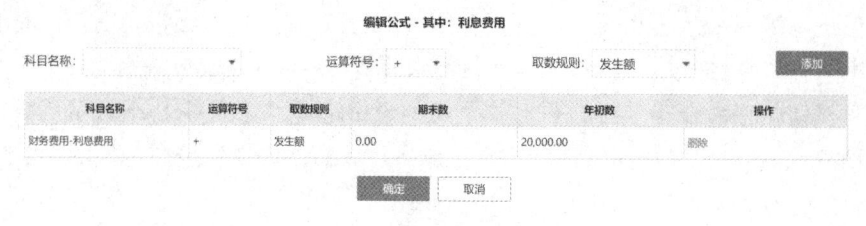

图 3-2-7

（2）单击"编辑公式"按钮，打开"编辑公式-利息收入"对话框，在第一行科目名称下拉列表中选择"财务费用-利息收入"，对应运算符号选择"+"，对应取数规则选择"发生额"，单击"添加"按钮，如图 3-2-8 所示。

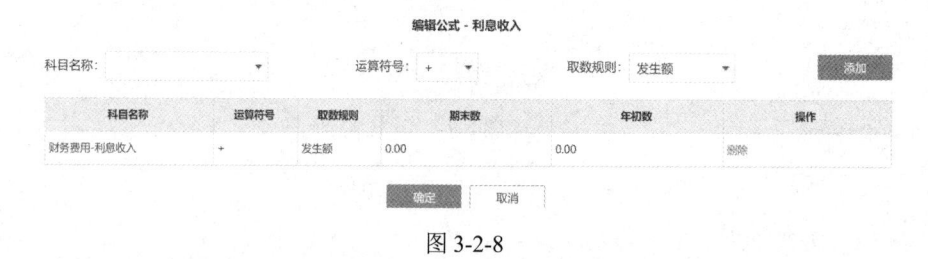

图 3-2-8

（3）单击"确定"按钮，保存。
以上报表项目公式编辑完毕返回后，即显示 2022 年 1—2 月利润表。

三、现金流量表初始化

在首页菜单中，依次单击"报表"→"现金流量表"，查看系统预设的现金流量表模板，无需手工处理。

任务三　数据核对与试算平衡

任务导言

企业期初财务数据录入完毕后，要对数据进行核对与试算平衡工作，以便为后续财务工作的开展做好充分的准备。

一、核对资金账户与会计科目账户数据

我们前期已经设置好资金账户，并对资金账户的期初余额进行了录入，现在需要将其与其对应的会计科目进行核对，确保资金账户与会计科目账户的金额一致。

【工作实例 3-10】核对资金与总账数据

在首页菜单中，依次单击"资金"→"核对总账"。

核对库存现金、银行存款的会计科目与对应资金账户的金额是否一致,如图 3-3-1 所示。

项目	名称	币别	期初余额	借方(收入)	贷方(支出)	余额
▼ 库存现金						
会计科目	库存现金	人民币	9,268.64			9,268.64
资金账户	现金	人民币	9,268.64			9,268.64
差异						
▼ 建设银行合肥经开支行						
会计科目	建设银行合肥经开支行	人民币	1,216,688.16			1,216,688.16
资金账户	建设银行合肥经开支行	人民币	1,216,688.16			1,216,688.16
差异						
▼ 建设银行合肥明珠广场支行						
会计科目	建设银行合肥明珠广场支行	人民币	172,800.00			172,800.00
资金账户	建设银行合肥明珠广场支行	人民币	172,800.00			172,800.00
差异						

图 3-3-1

【温馨提示】

在柠檬云财务软件中,无法自动生成日记账,需要人工录入,所以我们在录入"库存现金""银行存款"科目的期初余额并对其对应资金账户进行初始化设置完毕后,还要进行核对。

二、试算平衡

所有的会计科目期初余额录入完成之后,需要进行期初数据的试算,检查是否平衡。

【工作实例 3-11】期初数据试算

(1) 在首页菜单中,依次单击"设置"→"期初",打开"期初设置"对话框,如图 3-3-2 所示。

科目编码	科目名称	方向	期初余额		借方累计		贷方累计		年初余额	
			数量	金额	数量	金额	数量	金额	数量	金额
1001	库存现金	借		9,268.64		30,000.00		48,007.36		27,276.00
1002	银行存款	借		1,389,488.16		5,820,912.00		5,679,623.84		1,248,200.00
1002001	建设银行合肥经开支行	借		1,216,688.16		5,783,656.00		5,674,367.84		1,107,400.00
1002002	建设银行合肥明珠广场支行	借		172,800.00		37,256.00		5,256.00		140,800.00

图 3-3-2

（2）单击"试算平衡"按钮，查看期初试算结果，如图3-3-3所示。

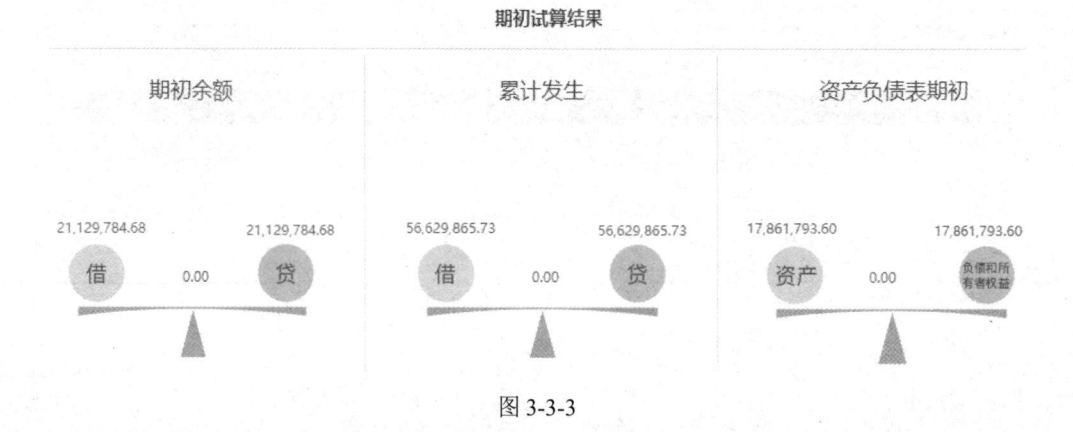

期初试算结果

期初余额	累计发生	资产负债表期初
21,129,784.68　借　0.00　贷　21,129,784.68	56,629,865.73　借　0.00　贷　56,629,865.73	17,861,793.60　资产　0.00　负债和所有者权益　17,861,793.60

图3-3-3

【温馨提示】
　　期初余额、累计发生的借贷方，资产负债表期初的资产与负债和所有者权益均应该保持平衡。如若不平衡，则应检查录入的期初数据是否正确。

项目总结

　　财务数据是一切财务工作的基础，只有录入正确的期初数据，才能为后续的核算工作提供质量保障。所以一定要重视期初财务数据的录入工作，确保每个数据的正确性，并注重培养严谨、认真的工作作风，提高会计职业道德素养。此外，还应努力培养理想信念，诚信待人，自觉主动地把社会主义核心价值观融入我们的学习、工作和生活中。

项目四

企业经济业务会计处理

学习目标

知识目标： 了解企业经济业务核算的基本内容和核算流程；
能根据审核后的原始凭证填制记账凭证，能根据审核后的记账凭证登记账簿。

能力目标： 掌握柠檬云财务软件中记账凭证的填制；
掌握柠檬云财务软件中日常经济业务和期末经济业务的会计处理。

素养目标： 遵守会计法律法规要求，增强法治观念，规范执业，不做假账；
恪守会计职业道德，爱岗敬业，诚实守信，服务群众，奉献社会。

项目引例

合肥市美嘉针织有限公司最近从某大学招聘了一名刚刚毕业的会计专业学生杨光，为了考核杨光的专业水平，公司安排其在各财务岗位进行实习，如出纳、税务、财务成本核算岗等，实习期满，财务主管为了考核杨光，提出了以下三个问题。

（1）企业经济业务核算的基本内容和核算流程有哪些？
（2）公司的利润是如何形成的？
（3）利润的增长点来源于什么？
带着这些问题，让我们进行本项目的学习。

任务一　日常经济业务

任务导言

企业典型的日常经济业务主要包括五大类：筹集资金业务、供应过程业务、生产过程业务、销售过程业务及财务成果形成与分配业务。本任务以合肥市美嘉针织有限公司 2022 年

3月发生的经济业务为实训资料，让同学们体会企业日常会计工作的内容有哪些，并请同学们按照会计工作要求在柠檬云财务软件中对这些日常经济业务进行会计处理。

一、日常经济业务内容

合肥市美嘉针织有限公司 2022 年 3 月发生的会计经济业务如下所述。

【经济业务 4-1】1 日，提现 20000 元备用，提现申请单和现金支票存根如图 4-1-1-1 和图 4-1-1-2 所示。

提现申请单
2022年03月01日

收款单位	合肥市美嘉针织有限公司		
地址	合肥市经济开发区繁华大道 126 号	联系电话	0551-63962568
收款人开户行	中国建设银行合肥经开支行	开户账号	34030618742852246827
内容	提取备用金		
大写	人民币贰万元整	￥ 20,000.00	

审批：王明睿　　　　　审核：程林　　　　　经办人：向海洋

图 4-1-1-1

图 4-1-1-2

【经济业务 4-2】1 日，支付车间设计制图费，增值税专用发票和银行电子回单如图 4-1-2-1 和图 4-1-2-2 所示。

图 4-1-2-1

图 4-1-2-2

【经济业务 4-3】2 日，采购材料，款未付，收料单和增值税专用发票如图 4-1-3-1 和图 4-1-3-2 所示。

收 料 单

发票号码：0052755　　　　2022 年 03 月 02 日　　　　编号：00101
供应单位：合肥新洋化学纤维有限公司　　　　　　　收料仓库：原材料仓
材料类别：　　原材料

| 材料/编号 | 物料名称 | 规格型号 | 单位 | 数量 | | 实际成本 | | | | |
| | | | | 应收 | 实收 | 买价 | | 运杂费 | 其他 | 合计 |
						单价	金额			
101	锦纶高弹丝40D		米	28000	28000					
102	锦纶高弹丝70D		米	30000	30000					
		合计								

采购员：周卫林　　检验员：丁方　　记账员：林子洋　　保管员：王莫林

图 4-1-3-1

安徽增值税专用发票　　NO 00052755

3401211130　　　　　　　　　　　　　　　　　　　　　3401211130
　　　　　　　　　　　　　发票联　　　　　　　　　　　00052755

开票日期：2022年03月02日

购买方	名　　　称：合肥市美嘉针织有限公司	密码区	1*32>4)6*33+55//28507/0827 /27*206--6660+89<0-4472)*0 --+17802<6>)/322+1*->079*2+ 1-78805*280*+12<0/48<+0//-2
	纳税人识别号:91340300682535479W		
	地址、电话:合肥市经济开发区繁华大道126号0551-63962568		
	开户行及账号:中国建设银行合肥经开支行34030618742852246827		

货物或应税劳务、服务名称	规格型号	单位	数量	单价	金额	税率	税额
*纺织品*锦纶高弹丝40D		米	28000	18.30	512400.00	13%	66612.00
*纺织品*锦纶高弹丝70D		米	30000	24.00	720000.00	13%	93600.00
合计					￥1232400.00		￥160212.00

价税合计（大写）　　⊗ 壹佰叁拾玖万贰仟陆佰壹拾贰元整　　　　（小写）　￥1392612.00

销售方	名　　　称:合肥新洋化学纤维有限公司	备注	
	纳税人识别号:9134136820A970936Y		
	地址、电话:安徽省合肥市双凤工业园区B7栋 0551-66473685		
	开户行及账号:徽商银行合肥凤霞路支行 0080628062801235563		

收款人：　　复核：　　开票人：张小燕　　销售方：章

图 4-1-3-2

【经济业务 4-4】3 日，收到上月发货运费专票，增值税专用发票如图 4-1-4-1 所示。

安徽增值税专用发票

3401211130　　　　　　　　　　　　　NO 20546238　　　　3401211130
　　　　　　　　　　　　　发票联　　　　　　　　　　　　　20546238

开票日期：2022年03月03日

购买方	名　称：合肥市美嘉针织有限公司 纳税人识别号：91340300682535479W 地　址、电　话：合肥市经济开发区繁华大道126号 0551-63962568 开户行及账号：中国建设银行合肥经开支行 34030618742852246827	密码区	1*32>4*6*33+55//21507/0807 /27*216--660+89<0-4472>*0 --+17802<6>>/322+1*->019*2+ 1-79805*280**12<0/48<+0//-2

货物或应税劳务、服务名称	规格型号	单位	数量	单价	金额	税率	税额
*运输服务*运费		次	1	21000.00	21000.00	9%	1890.00
合计					¥21000.00		¥1890.00

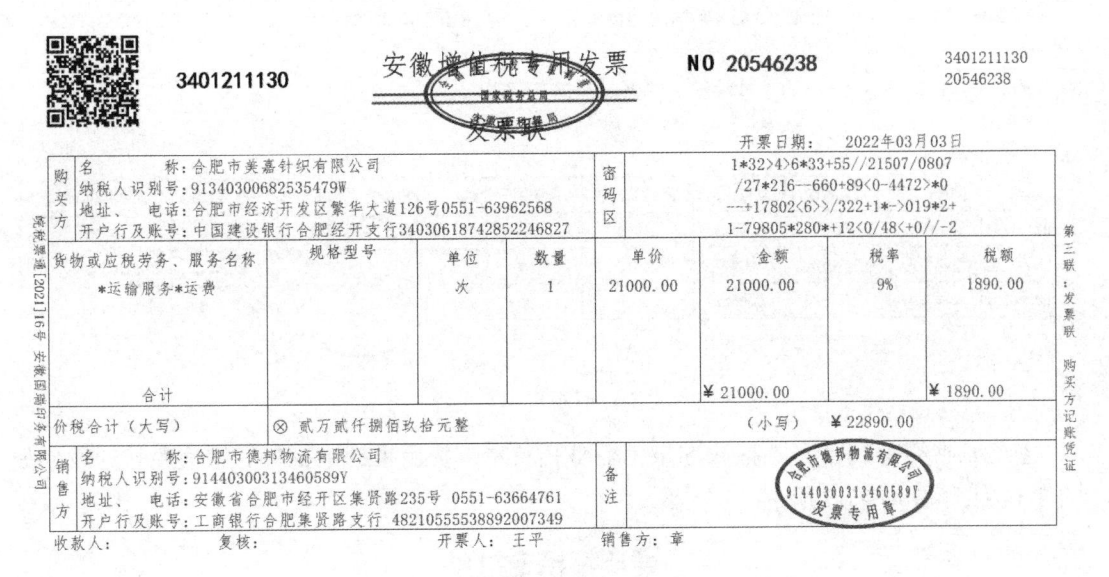

价税合计（大写）　⊗ 贰万贰仟捌佰玖拾元整　　　（小写）¥22890.00

销售方	名　称：合肥市德邦物流有限公司 纳税人识别号：91440300313460589Y 地　址、电　话：安徽省合肥市经开区集贤路235号 0551-63664761 开户行及账号：工商银行合肥集贤路支行 48210555538892007349	备注	（发票专用章）

收款人：　　　复核：　　　开票人：王平　　　销售方：章

图 4-1-4-1

【工作实例4-5】3日，收到安徽金星纺织化纤有限公司货款，银行电子回单如图4-1-5-1所示。

中国建设银行客户专用回单

币别：人民币　　　2022年03月03日　　　流水号：202203030108

付款人	全　称	安徽金星纺织化纤有限公司	收款人	全　称	合肥市美嘉针织有限公司
	账　号	628489413474663370963		账　号	34030618742852246827
	开户行	中国农业银行合肥高新支行		开户行	中国建设银行合肥市经济技术开发区支行

金　额	（大写）伍拾万元整		（小写）¥500000.00
凭证种类	网银	凭证号码	818422353221
结算方式	转账	用　途	收到货款

（中国建设银行 业务受理）

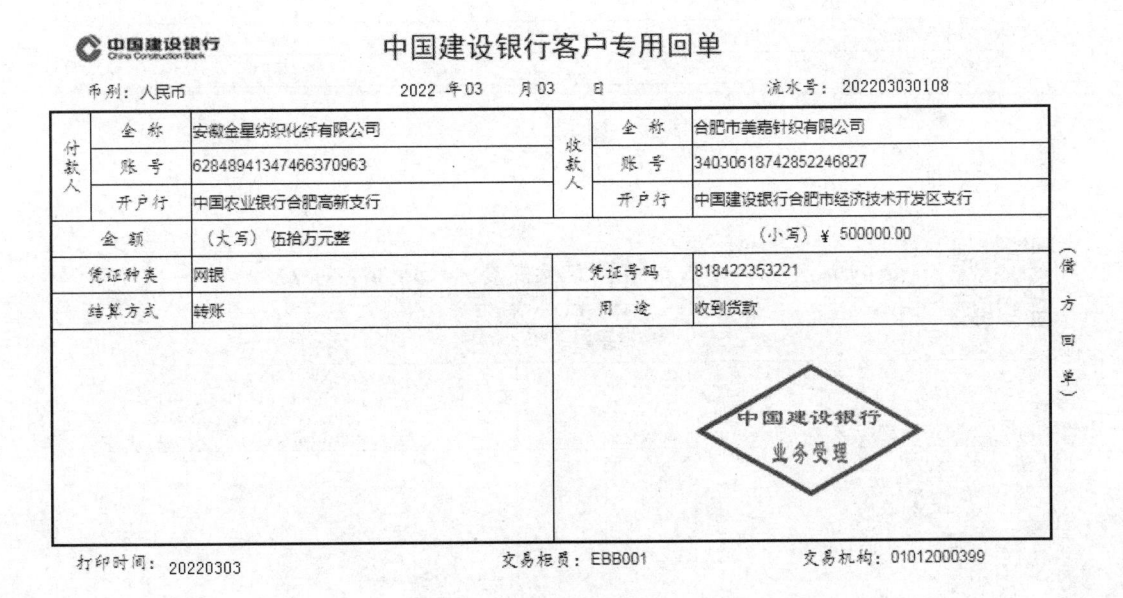

打印时间：20220303　　　交易柜员：EBB001　　　交易机构：01012000399

（借方回单）

图 4-1-5-1

【经济业务4-6】4日，出售交易性金融资产，证券交易对账单如图4-1-6-1所示。

智能会计综合实训

客户编号：220004621　　单位：合肥市美嘉针织有限公司　　对账日期：2022.03.04　　打印柜员：125

资金信息：

币种	单位	资金余额	可用金额	可取现金	资产总值
人民币	元	1019360.00	380000.00	380000.00	1019360.00

流水明细：

日期	业务标志	证券名称	证券代码	发生数量/股	成交均价	佣金	印花税	其他费	收付金额	资金余额	备注
2022.01.24	股票卖出	江南高纤	600527	10000	13.02	200			130000.00	930600.00	
2022.02.12	股票买入	国药股份	600511	20000	27.50	600			-550600.00	380000.00	
2022.03.04	股票卖出	国药股份	600511	20000	32.00	640			639360.00	1019360.00	

图 4-1-6-1

【经济业务 4-7】4 日，行政部报销业务招待费，费用报销审批单、增值税普通发票如图 4-1-7-1 和图 4-1-7-2 所示。

费用报销审批单

部门：采购部　　　　　　2022 年 03 月 04 日

经手人	周卫林	事由	报销业务招待费	
项目		金额	付款方式	备注
招待费		1500.00	现金付讫	
合计		1500.00		
公司领导审批意见	财务主管	部门领导	出纳	经手人
王明睿	朱家瑶	陈妮	向海洋	周卫林

图 4-1-7-1

安徽增值税专用发票　　NO 07123562

111011902002　　机器编码：

开票日期：2022年03月04日

	名称：合肥市美嘉针织有限公司	密码区	1*32>4)6*6*33+51//20057/0827 /27*286--6660+89<0-4472)*0 --+10302<6>>/322+1*->019*2 1-79805*280*+42<0/78<+9//-2
购买方	纳税人识别号：91340300682535479W		
	地址、电话：合肥市经济开发区繁华大道126号0551-63962568		
	开户行及账号：中国建设银行合肥经开支行34030618742852246827		

货物或应税劳务、服务名称	规格型号	单位	数量	单价	金额	税率	税额
*餐饮服务*餐费		1	1	1415.09	1415.09	6%	84.91
合计					¥1415.09		¥84.91

价税合计（大写）　　⊗ 壹仟伍佰元整　　（小写）¥1500.00

销售方	名称：合肥宝鑫餐饮管理有限公司	备注	
	纳税人识别号：913420533303449774		
	地址、电话：安徽省合肥市包河区桐城路510号 0551-63527541		
	开户行及账号：中国银行黄山路支行 20003554900293845002		

收款人：　　复核：　　开票人：李晓　　销售方：章

图 4-1-7-2

【经济业务 4-8】 5 日，支付 3 栋厂房勘察费，增值税专用发票、银行电子回单、付款申请书如图 4-1-8-1 至图 4-1-8-3 所示。

安徽增值税专用发票								
3401211130				NO 20549130			3401211130 20549130	
						开票日期：2022年03月05日		
购买方	名称：合肥市美嘉针织有限公司 纳税人识别号：91340300682535479W 地址、电话：合肥市经济开发区繁华大道126号 0551-63962568 开户行及账号：中国建设银行合肥经开支行 34030618742852246827				密码区	1*32>4>6*33+55//21507/0807 /20*276--600+89<0-4662>*0 ---+17002<6>)/322+1*->019*2+ 1-99805*280*+12<0/48<+0//-2		
货物或应税劳务、服务名称	规格型号	单位	数量	单价	金额		税率	税额
*研发和技术服务*勘察费		次	1	15000.00	15000.00		6%	900.00
合计					¥15000.00			¥900.00
价税合计（大写）	⊗ 壹万伍仟玖佰元整				（小写）¥15900.00			
销售方	名称：合肥华昌勘察设计有限公司 纳税人识别号：91490300415765206C 地址、电话：安徽省合肥市经开区清潭路119号 0551-69467889 开户行及账号：中国银行合肥经开支行 65203348675407073219				备注			
收款人：	复核：		开票人：黄玉珍			销售方：章		

图 4-1-8-1

中国建设银行客户专用回单

币别：人民币			2022 年 03 月 05 日			流水号：202203050008	
付款人	全称	合肥市美嘉针织有限公司		收款人	全称	合肥华昌勘察设计有限公司	
	账号	34011000898765622599			账号	65203348675407073219	
	开户行	中国建设银行合肥明珠广场支行			开户行	中国银行合肥经开支行	
金额	（大写）壹万伍仟玖佰元整					（小写）¥ 15900.00	
凭证种类				凭证号码	818422357549		
结算方式	转账			用途	支付厂房勘察费		

打印时间：20220305　　交易柜员：EBB001　　交易机构：0101200399

图 4-1-8-2

付款申请书

2022年3月5日

用途及情况	金额											收款单位（人）	合肥华昌勘察设计有限公司
支付勘察费	亿	千	百	十	万	千	百	十	元	角	分	账号：65203348675407073219	
				¥	1	5	9	0	0	0	0	开户行：中国银行合肥经开支行	
金额（大写）	人民币 壹万伍仟玖佰元整											结算方式：转账	
总经理：王明睿	财务部门	经理	朱家瑶	业务部门	经理	黄国荣							
		会计	向海阳		经办人	何志其							

图 4-1-8-3

【经济业务 4-9】5 日，收到安徽名轩服饰有限公司货款，银行电子回单如图 4-1-9-1 所示。

中国建设银行 China Construction Bank

中国建设银行客户专用回单

币别：人民币　　2022 年03 月05 日　　流水号：202203050010

付款人	全称	安徽名轩服饰有限公司	收款人	全称	合肥市美嘉针织有限公司
	账号	36012841493134968026		账号	34030618742852246827
	开户行	中国建设银行合肥清溪路支行		开户行	中国建设银行合肥市经济技术开发区支行
金额		（大写）壹佰壹拾万元整			（小写）¥ 1100000.00
凭证种类			凭证号码		818422353234
结算方式		转账	用途		收到货款

中国建设银行 业务受理

（借方回单）

打印时间：20220305　　交易柜员：EBB001　　交易机构：0101200399

图 4-1-9-1

【经济业务 4-10】收到南京富莱针织有限公司银行承兑汇票，银行承兑汇票如图 4-1-10-1 所示。

银行承兑汇票

2 GA01 00000000

出票日期（大写）：贰零贰贰年零叁月零五日

出票人全称	南京富莱针织有限公司	收款人	全称	合肥市美嘉针织有限公司
出票人账号	46116149579658432218		账号	34030618742852246827
付款行全称	中国工商银行南京胜太路支行		开户银行	中国建设银行合肥经开支行

出票金额：人民币（大写）壹佰贰拾万元整　¥1200000.00

汇票到期日（大写）：贰零贰贰年陆月伍日

付款行：行号 301100000099　地址 合肥市经济开发区繁华大道126号

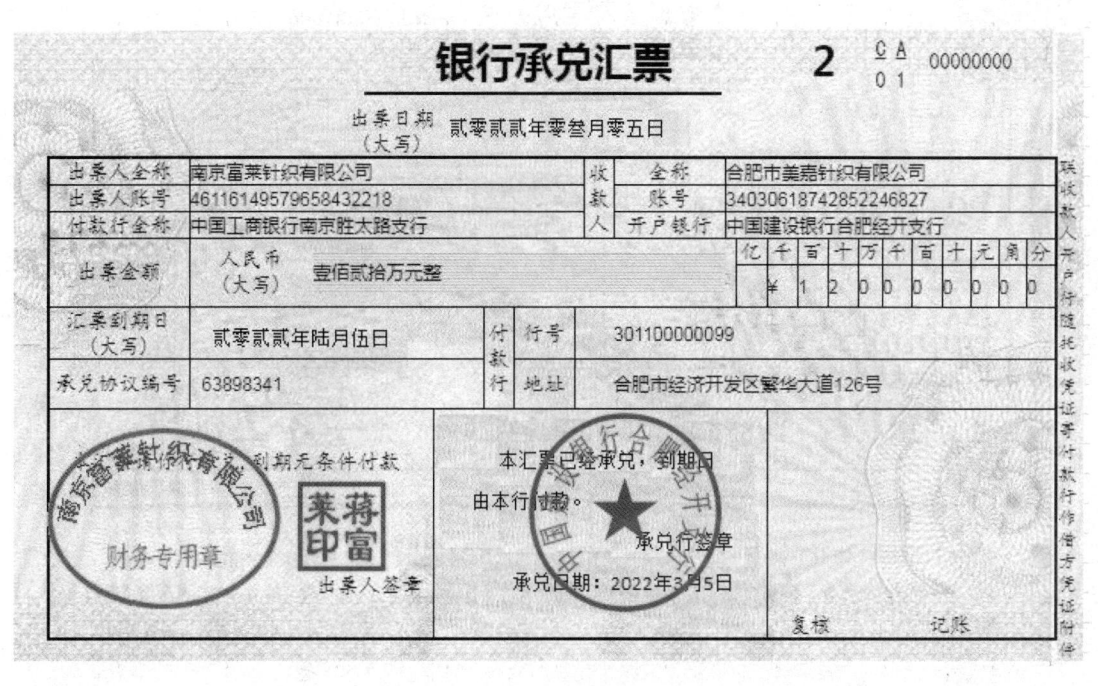

承兑协议编号：63898341

到期无条件付款　出票人签章

本汇票已经承兑，到期日由本行付款。　承兑行签章　承兑日期：2022年3月5日

图 4-1-10-1

【工作实例 4-11】6 日，购入安徽合力股票，证券对账单如图 4-1-11-1 所示。

客户编号：220004621　　单位：合肥市美嘉针织有限公司　　对账日期：2022.03.06　　打印柜员：125

资金信息：

币种	单位	资金余额	可用金额	可取现金	资产总值
人民币	元	419180.00	419180.00	419180.00	1019180.00

流水明细：

日期	业务标志	证券名称	证券代码	发生数量/股	成交均价	佣金	印花税	其他费	收付金额	资金余额	备注
2021.01.24	股票卖出	江南高纤	600527	10000	13.02	200			130000.00	930600.00	
2021.02.12	股票买入	国药股份	600511	20000	27.50	600			-550600.00	380000.00	
2021.03.04	股票卖出	国药股份	600511	20000	32.00	640			639360.00	1019360.00	
2021.03.06	股票买入	安徽合力	600761	30000	20.00	180			-800180.00	419180.00	

图 4-1-11-1

【工作实例 4-12】6 日，销售商品，增值税专用发票、购销合同、销售通知单如图 4-1-12-1 至图 4-1-12-3 所示。

安徽增值税专用发票

NO 00521806

3401211130
00521806

开票日期：2022年03月06日

购买方	名称：南京富莱针织有限公司 纳税人识别号 91320017594632514E 地址、电话 江苏省南京市江宁区胜太路543号 025-52125048 开户行及账号 工商银行南京胜太路支行 4611614957965 8432218	密码区	1*32>4>6*33+55//20587/0827 /27*206--6660+89<0-4472>*0 --+18102<6>>/322+1*->059*2+ 1-71865*280*+42<0/28<+6//-2

货物或应税劳务、服务名称	规格型号	单位	数量	单价	金额	税率	税额
*A类棉混纺针织布		米	300	499.00	149700.00	13%	19461.00
*B类棉混纺针织布		米	450	529.00	238050.00	13%	30946.50
*A类尼龙混纺弹力针织布		米	300	999.00	299700.00	13%	38961.00
*B类尼龙混纺弹力针织布		米	300	899.00	269700.00	13%	35061.00
合计					￥957150.00		￥124429.50

价税合计（大写）⊗ 壹佰零捌万壹仟伍佰柒拾玖元伍角整　　　（小写）￥1081579.50

销售方	名称：合肥市美嘉针织有限公司 纳税人识别号 91340300682535479W 地址、电话 合肥市经济开发区繁华大道126号 0551-63962568 开户行及账号 中国建设银行合肥经开支行 34030618742852246827	备注	

收款人：　　　　　复核：　　　　　开票人：康帅　　　　　销售方：章

图 4-1-12-1

购销合同

供货单位（甲方）：合肥市美嘉针织有限公司
购货单位（乙方）：南京富莱针织有限公司

根据《中华人民共和国合同法》及国家相关法律、法规之规定，甲乙双方本着平等互利的原则，就乙方购买甲方产品一事达成如下协议。

一、产品名称、数量、价格

1、产品名称：A类棉混纺针织布；B类棉混纺针织布；A类尼龙混纺弹力针织布；B类尼龙混纺弹力针织布

2、产品数量：300；450；300；300

3、产品价格：

　　单价：499；529；999；899

　　货款总额：957150元（大写人民币：玖拾伍万柒仟壹佰伍拾元整）

二、货款结算

1、付款方式：发货后30天内，现金折扣条件（2/10，N/30）

2、甲方开户行：中国建设银行合肥经济技术开发区支行　账号：34030618742852246827

3、乙方须一次性向甲方付清货款。货款到达甲方账户后，甲方于两个工作日内发出货物及发票。

三、违约责任

甲乙双方任何一方违约，违约方应按照国家有关法律、法规规定向守约方支付违约金。守约方由此引起的经济损失，有权向违约方进行追索。

本合同自双方签字、盖章之日起生效。本合同壹式贰份，甲乙双方各执壹份。

甲方（签章）：合肥市美嘉针织有限公司　　　　乙方（签章）：南京富莱针织有限公司
代表：王明睿　　　　　　　　　　　　　　　　代表：蒋富莱
地址：合肥市经济开发区繁华大道　　　　　　　地址：江苏省南京市江宁区胜太路
电话：0551-63962568　　　　　　　　　　　　　电话：025-52125048
2022年3月6日　　　　　　　　　　　　　　　　2022年3月6日

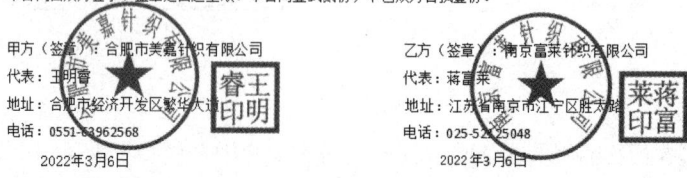

图 4-1-12-2

销售通知单

日期：2022年03月06日　　编号：xs2103001

采购单位：	南京富票针织有限公司					
产品名称	型号	单位	数量	单价	金额（元/不含税）	税率
A类棉混纺针织布		米	300	499	149700.00	13%
B类棉混纺针织布		米	450	529	238050.00	13%
A类尼龙混纺弹力针织布		米	300	999	299700.00	13%
B类尼龙混纺弹力针织布		米	300	899	269700.00	13%
合计					957150.00	

产品销售：

合同：☑有　□无

客户开票信息：（□普通发票　☑专用发票）
单位名称：合肥市美商针织有限公司
税号：91340300682535479W
开户银行及账号：中国建设银行合肥市经济技术开发区支行 340306187...
地址及电话：合肥市经济开发区繁华大道126号 0551-63962568

备注：（请填写开票要求）商品内容请填写

销售助理或销售经理	林双杰	部门经理	梁天红	分管总经理		总经理	王明睿

图 4-1-12-3

【经济业务 4-13】8 日，总经办报销差旅费，差旅费报销单、行程单（2 张），住宿费增值税专用发票、餐费增值税普通发票（2 张）如图 4-1-13-1 至图 4-1-13-6 所示。

差旅费报销单

报销日期	2022年03月08日	预算科目		专项名称		预算项目				
部门	总经办		出差人	王明睿		出差事由	拜访客户			
出发		到达		交通费		住宿费		其他费用		
日期	地点	日期	地点	交通工具	单据张数	金额	天数	单据张数	金额	项目	单据	金额
3月6日	合肥	3月6日	广州	飞机	1	1120.00				行李费		
		3月7日							676.28	市内车费		
3月8日	广州	3月8日	合肥	飞机	1	1070.00				出租		
										手续费		
										出差补贴		
										节约奖励		300.00
合计										招待费		2000.00
报销总额	人民币（大写）	伍仟壹佰陆拾陆元贰角捌分						预借款	5000.00			
	人民币（小写）	5166.28			补领不足	166.28		归还多余				
主管	朱家瑞	审核	程林	报销人	王明睿	部门	总经办					

图 4-1-13-1

航空运输电子客票行程单

印刷序号：
SERIAL NUMER: 48192057818

旅客姓名 NAME OF PASSENGER	有效身份证件号码 ID. NO.	签注 ENDORSEMENTS/RFSTRI(TIONS(CARBON)
王明睿	34082119****	不得签转

承运人 CARRIER	航班号 FLIGHT	座位等级 CLASS	日期 DATE	时间 TIME	客票级别/客票类别 FARE BASIS	客票生效日期 NOTVALID BEFORE	有效截止日期 NOT VALID AFTER
自 FROM 合肥	TY	MU4129	B	3.6	1055	Y	
至 TO 广州							
至 TO							
至 TO							

票价 FARE	机场建设费 AIRPORT TAX	燃油附加费 FUEL SLRCHARGE	其他税费 OTHER ATXES	合计 TOTAL
1020.00	50.00	50.00		1120.00

电子客票号码 E-TICKEINO	验证号 CK	提示信息 INFORMATION	保险费 INSURANCE
4719372890164			

销售单位代号 AGENT CODE	填开单位 ISSUED BY	填开日期 DATE OF ISSUE
PU01382947885		2022年3月6日

验真同址：WWW.TRAVELSKY.COM　服务热线：400-815-8888　越信验真：发送JP到10669018
请旅客乘机前认真阅读《旅客须知》及承运人的运输总条件内容
The Important Notice and the general conditions of carriage must be read bef

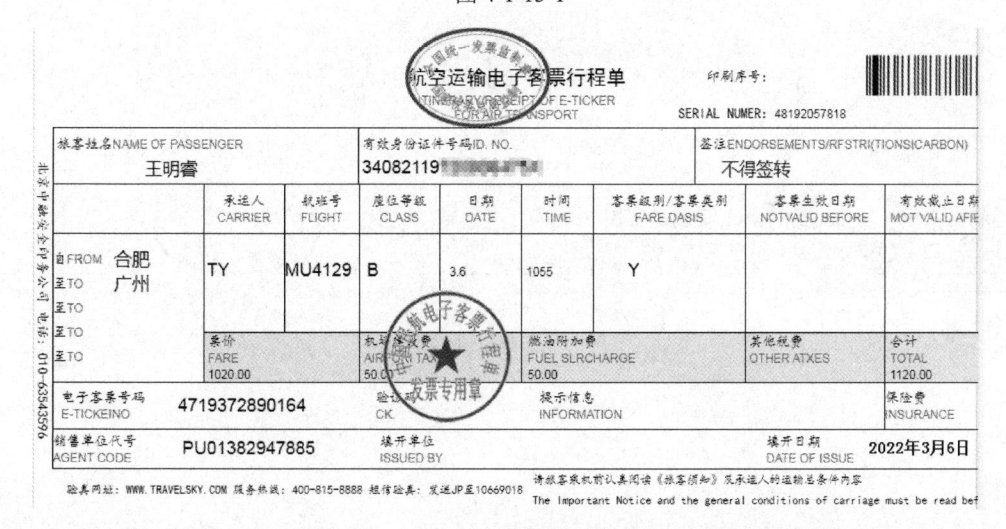

图 4-1-13-2

航空运输电子客票行程单

ITINERARY RECEIPT OF E-TICKET FOR AIR TRANSPORT

印刷序号：
SERIAL NUMER: 66192026515

旅客姓名 NAME OF PASSENGER	有效身份证件号码 ID. NO.	签注 ENDORSEMENTS/RFSTRI(TIONSICARBON)
王明睿	34082119********	不得签转

	承运人 CARRIER	航班号 FLIGHT	座位等级 CLASS	日期 DATE	时间 TIME	客票级别/客票类别 FARE DASIS	客票生效日期 NOT VALID BEFORE	有效截止日期 NOT VALID AFTER
自 FROM 广州	TY	MU4129	B	3.8	1510		Y	
至 TO 合肥								
至 TO								
至 TO								

票价 FARE	机场建设费 AIRPORT TAX	燃油附加费 FUEL SLRCHARGE	其他税费 OTHER ATXES	合计 TOTAL
970.00	50.00	50.00		1070.00

电子客票号码 E-TICKEINO	验证号 CK.	提示信息 INFORMATION	保险费 INSURANCE
471932631059			

销售单位代号 AGENT CODE	填开单位 ISSUED BY	填开日期 DATE OF ISSUE
FU01382947192		2022年3月8日

验真网址：WWW.TRAVELSKY.COM 服务热线：400-815-8888 租借验真：发送 JP10669018
请旅客登机前认真阅读《旅客须知》及承运人的运输总条件内容
The Important Notice and the general conditions of carriage must be read be

图 4-1-13-3

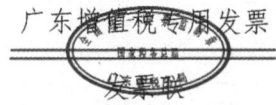

广东增值税专用发票

NO 00052236

4401191130
00052236

开票日期：2022年03月08日

	名称	合肥市美嘉针织有限公司	密码区	1*32>4>6*33+05//20587/1827
购买方	纳税人识别号	91340300682535479W		/07*206--6550+89<0-4472>*0
	地址、电话	合肥市经济开发区繁华大道126号0551-63962568		--+18802<6>>/302+1*->059*2+
	开户行及账号	中国建设银行合肥经开支行34030618742852246827		1-79805*280*+42<0/78<+9//-2

货物或应税劳务、服务名称	规格型号	单位	数量	单价	金额	税率	税额
*住宿服务*住宿费		天	2	319.00	638.00	6%	38.28
合计					¥638.00		¥38.28

价税合计（大写）	⊗ 陆佰柒拾陆元贰角捌分	（小写） ¥676.28

	名称	广州七天连锁酒店	
销售方	纳税人识别号	91440104364151481	备注
	地址、电话	广州市天河区长江中路175号 020-2841101	
	开户行及账号	中国工商银行广州天河支行 41000318239124012860	

收款人： 复核： 开票人：张小敏 销售方：章

图 4-1-13-4

项目四 企业经济业务会计处理

广东增值税普通发票 NO 58129057

机器编码：144011901002

开票日期：2022年03月08日

购买方	名称：合肥市美嘉针织有限公司 纳税人识别号：91340300682535479W 地址、电话：合肥市经济开发区繁华大道126号 0551-63962568 开户行及账号：中国建设银行合肥经开支行 34030618742852246827

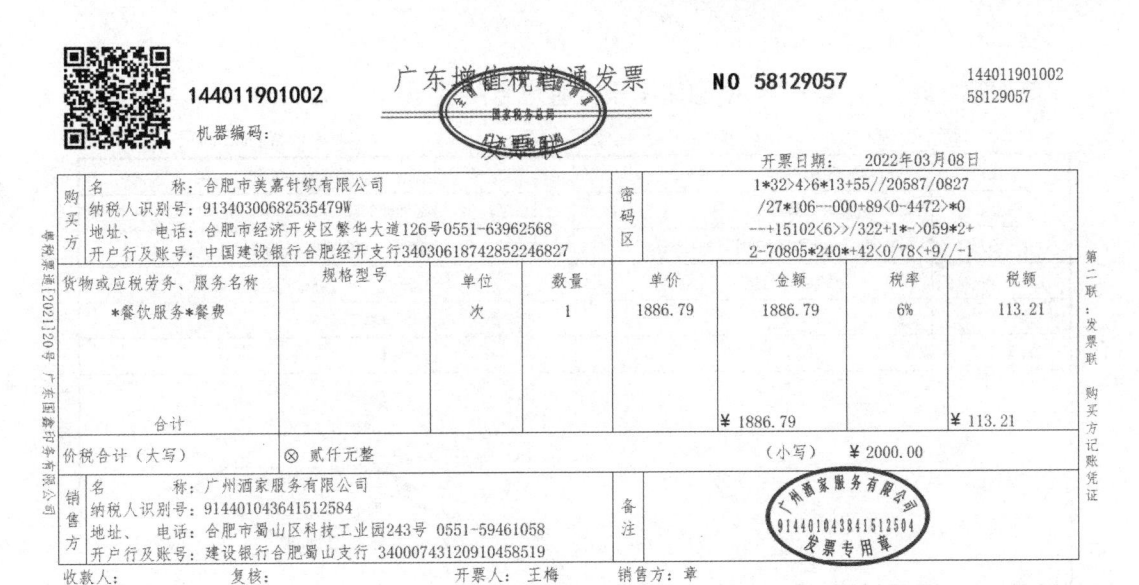

货物或应税劳务、服务名称	规格型号	单位	数量	单价	金额	税率	税额
*餐饮服务*餐费		次	1	1886.79	1886.79	6%	113.21
合计					¥1886.79		¥113.21
价税合计（大写）	⊗ 贰仟元整				（小写）¥2000.00		

销售方	名称：广州酒家服务有限公司 纳税人识别号：914401043641512584 地址、电话：合肥市蜀山区科技工业园243号 0551-59461058 开户行及账号：建设银行合肥蜀山支行 34000743120910458519

收款人： 复核： 开票人：王梅 销售方：章

图 4-1-13-5

广东增值税普通发票 NO 58135058

机器编码：144011901002

开票日期：2022年03月08日

购买方	名称：合肥市美嘉针织有限公司 纳税人识别号：91340300682535479W 地址、电话：合肥市经济开发区繁华大道126号 0551-63962568 开户行及账号：中国建设银行合肥经开支行 34030618742852246827

货物或应税劳务、服务名称	规格型号	单位	数量	单价	金额	税率	税额
*餐饮服务*餐费		次	1	283.02	283.02	6%	16.98
合计					¥283.02		¥16.98
价税合计（大写）	⊗ 叁佰元整				（小写）¥300.00		

销售方	名称：广州七天连锁酒店 纳税人识别号：914401043641514812 地址、电话：广州市天河区长江中路175号 020-2841101 开户行及账号：中国工商银行广州天河支行 41000318239124012860

收款人： 复核： 开票人：张小敏 销售方：章

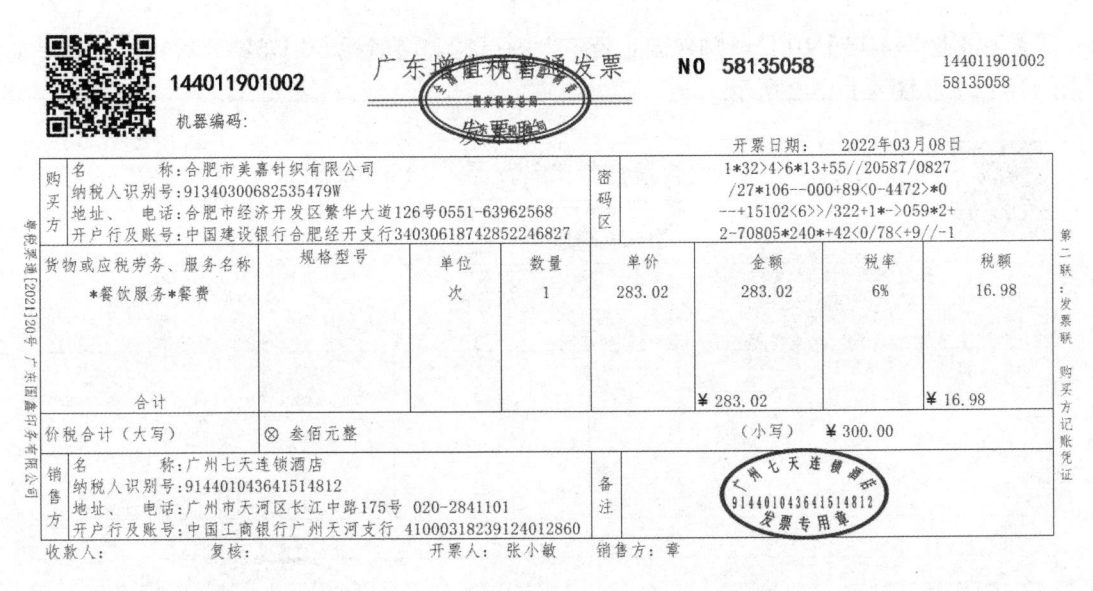

图 4-1-13-6

【经济业务4-14】10日，支付合肥新洋化学纤维有限公司货款，银行电子回单如图4-1-14-1所示。

中国建设银行客户专用回单

币别：人民币　　　　　2022 年 03 月 10 日　　　　　流水号：202203100052

付款人	全称	合肥市美嘉针织有限公司	收款人	全称	合肥新洋化学纤维有限公司
	账号	34030618742852246827		账号	00806280628012355634
	开户行	中国建设银行合肥市经济技术开发区支行		开户行	徽商银行合肥凤霞路支行

金额	（大写）壹佰壹拾万元整		（小写）¥ 1100000.00
凭证种类		凭证号码	818422357124
结算方式	转账	用途	支付货款

（借方回单）

中国建设银行业务受理

打印时间：20220310　　　交易柜员：EBB001　　　交易机构：0101200399

图 4-1-14-1

【经济业务 4-15】10 日，购入固定资产，款已付，增值税专用发票和银行电子回单如图 4-1-15-1 和图 4-1-15-2 所示。

安徽增值税专用发票

3401211130　　　NO 07123233　　　3401211130 07123233

发票联　　开票日期：2022年03月10日

购买方	名称：合肥市美嘉针织有限公司
	纳税人识别号：91340300682535479W
	地址、电话：合肥市经济开发区繁华大道126号 0551-63962568
	开户行及账号：中国建设银行合肥经开支行 34030618742852246827

密码区：1*30>3>5*13+75//21507/0807/20*276--610+99<0-4662>*0--+17002<6>>/322+1*->019*2+1-99865*220*+12<2/48<+0//-8

货物或应税劳务、服务名称	规格型号	单位	数量	单价	金额	税率	税额
*专用设备*拉纱机		台	1	300000.00	300000.00	13%	39000.00
合计					¥ 300000.00		¥ 39000.00

价税合计（大写）	叁拾叁万玖仟元整	（小写） ¥ 339000.00

销售方	名称：淮南市东风纺织机械有限公司
	纳税人识别号：91440302830351068M
	地址、电话：安徽省淮南市大通工业园915号 0554-53339210
	开户行及账号：中国工商银行大通支行 64228809035056779519

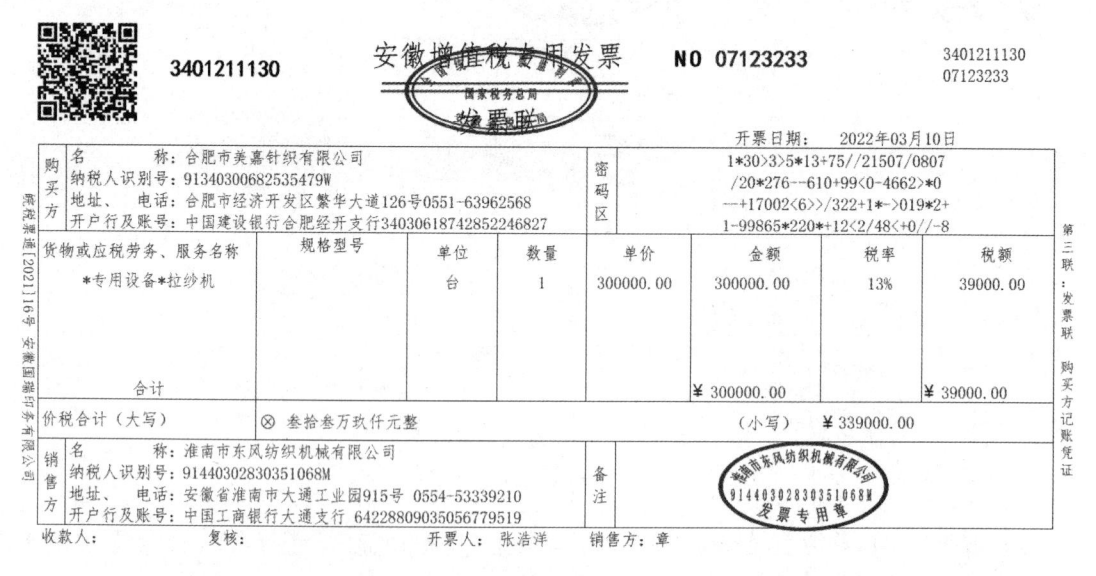

收款人：　　复核：　　开票人：张浩洋　　销售方：章

图 4-1-15-1

中国建设银行 China Construction Bank

中国建设银行客户专用回单

币别：人民币　　2022 年 03 月 10 日　　流水号：818422357150

付款人	全 称	合肥市美嘉针织有限公司	收款人	全 称	淮南市东风纺织机械有限公司
	账 号	34030618742852246827		账 号	64228809035056779519
	开户行	中国建设银行合肥市经济技术开发区支行		开户行	中国工商银行大通支行
金 额		（大写）叁拾叁万玖仟元整			（小写）¥ 339000.00
凭证种类			凭证号码		
结算方式		转账	用 途		支付设备款

中国建设银行 业务受理

打印时间：20220310　　交易柜员：EBB001　　交易机构：0101200399

（借方回单）

图 4-1-15-2

【经济业务 4-16】10 日，拉纱机调试入库，固定资产验收单如图 4-1-16-1 所示。

固定资产验收单

资产编号	JQ0004	资产名称	拉纱机		
规格（编号）		资产代码	LSJ04	购置日期	2022年03月10日
计量单位	台	单价（元）	300000.00	金额（元）	300000.00
出厂日期	2021年11月16日	管理人	黄国荣		
生产厂家	淮南市东风纺织机械有限公司		安装使用地点	生产车间	
附件情况					

固定资产验收情况说明：
状态良好，调试完成可以投入使用。

验收确认：
冯新新

验收日期：2022年03月11日

管理部门经理签字：李乐琪

公司总经理签字：王明睿

图 4-1-16-1

【经济业务 4-17】11 日，预付 30%审计费，银行电子回单如图 4-1-17-1 所示。

中国建设银行客户专用回单

币别：人民币　　2022年03月11日　　流水号：818422357694

付款人	全称	合肥市美嘉针织有限公司	收款人	全称	合肥志恒会计师事务所
	账号	34030618742852246827		账号	34000374084209126291
	开户行	中国建设银行合肥市经济技术开发区支行		开户行	建设银行合肥经开支行
金额	（大写）壹万元整			（小写）¥10000.00	
凭证种类			凭证号码		
结算方式	转账		用途	预付审计费用	

（借方回单）

中国建设银行 业务受理

打印时间：20220311　　交易柜员：EBB001　　交易机构：0101200399

图 4-1-17-1

【经济业务 4-18】12 日，报销研发费用，增值税专用发票和费用报销审批单如图 4-1-18-1 和图 4-1-18-2 所示。

安徽增值税专用发票

NO 02241652

3401211130
02241652

开票日期：2022年03月12日

密码区：1*20*3>1*03+75//21507/0837 /72*256--618+19<1-4662>*0 ---+17002<6>/322+1*->009*2+ 1-99865*220*+12<2/48<+0//-2

购买方	名称：合肥市美嘉针织有限公司
	纳税人识别号：91340300682535479W
	地址、电话：合肥市经济开发区繁华大道126号 0551-63962568
	开户行及账号：中国建设银行合肥经开支行 34030618742852246827

货物或应税劳务、服务名称	规格型号	单位	数量	单价	金额	税率	税额
*A类棉混纺针织布		米	1	600.00	600.00	13%	78.00
*B类棉混纺针织布		米	1	600.00	600.00	13%	78
*A类尼龙混纺弹力针织布		米	1	800.00	800.00	13%	104
合计					¥2000.00		¥260.00

价税合计（大写）　贰仟贰佰陆拾元整　　（小写）¥2260.00

销售方	名称：合肥科创销售管理有限公司
	纳税人识别号：91340217834607 38K6
	地址、电话：安徽省合肥市高新区黄山路1085号 0551-65643470
	开户行及账号：工商银行合肥黄山路支行 6435809034 1467795123

收款人：　　复核：　　开票人：张岩岩　　销售方：章

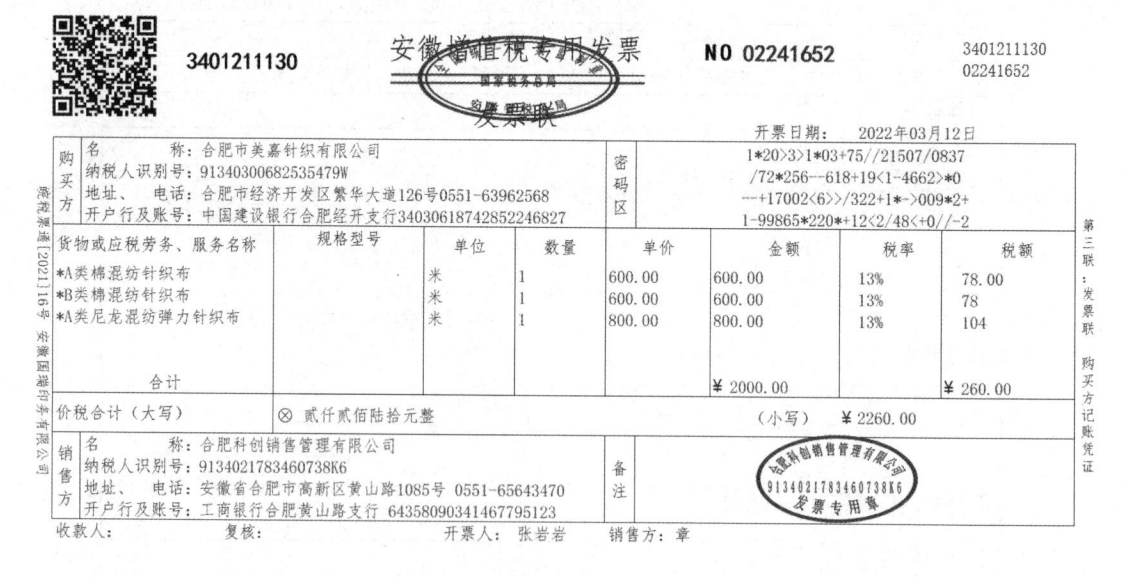

图 4-1-18-1

费用报销审批单

部门：研发部　　　　　2022 年 03 月 12 日　　　　　单位：元

经手人	田志方		事由	报销研发费用	
项目		金额		付款方式	备注
A类棉混纺针织布		678.00		现金付讫	
B类棉混纺针织布		678.00		现金付讫	
A类尼龙混纺弹力针织布		904.00		现金付讫	
合计					
公司领导审批意见	财务主管		部门领导	出纳	经手人
王明春	朱家瑶		贺志龙	向海阳	田志方

图 4-1-18-2

【经济业务 4-19】12 日，购入原材料，款已付，增值税专用发票、收料单、银行电子回单如图 4-1-19-1 至图 4-1-19-3 所示。

江苏增值税专用发票

NO 000052755　　　1202121160
1202121160　　　　　000052755

开票日期：2022年03月12日

购买方	名称：合肥市美嘉针织有限公司 纳税人识别号：91340300682535479W 地址、电话：合肥市经济开发区繁华大道126号 0551-63962568 开户行及账号：中国建设银行合肥经开支行34030618742852246827	密码区	1*20>3)1*03+75/21507/0837 /02*206-+618+19<1-4662>*0 --+10002<6>>/322+1*->009*2+ 1-99865*220*+12<2/48<+0//-2

货物或应税劳务、服务名称	规格型号	单位	数量	单价	金额	税率	税额
*纺织产品*锦纶光丝40D		米	10200	5.40	55080.00	13%	7160.40
合计					¥ 55080.00		¥ 7160.40

价税合计（大写）　　⊗ 陆万贰仟陆佰肆拾元肆角整　　　（小写）　¥ 62240.40

销售方	名称：南京市阳光纺织制品有限公司 纳税人识别号：913223445W68921300 地址、电话：江苏省南京市江宁区合作路77号 025-88441334 开户行及账号：中国银行南京江宁支行 6599005634328877254	备注	

收款人：　　复核：　　开票人：李丽　　销售方：章

图 4-1-19-1

收 料 单

2022 年 03 月 12 日　　　　编号：00102

发票号码：
供应单位：南京阳光纺织制品有限公司　　　　收料仓库：原材料仓
材料类别：

材料/编号	物料名称	规格型号	单位	数量		实际成本			
				应收	实收	买价		运杂费	其他	合计
						单价	金额			
103	锦纶光丝40D		米	10200	10200					
合计										

采购员：王吉康　　检验员：丁方　　记账员：程林　　保管员：王茵林

图 4-1-19-2

中国建设银行客户专用回单

币别：人民币　　2022年03月12日　　流水号：818422357899

付款人	全称	合肥市美嘉针织有限公司	收款人	全称	南京市阳光纺织制品有限公司
	账号	34030618742852246827		账号	65990056343288772546
	开户行	中国建设银行合肥市经济技术开发区支行		开户行	中国银行南京江宁支行
金额	（大写）陆万贰仟贰佰肆拾元肆角			（小写）¥62240.40	
凭证种类			凭证号码		
结算方式	转账		用途	支付材料费用	

（借方回单）

打印时间：20220312　　交易柜员：EBB001　　交易机构：0101200399

图 4-1-19-3

【经济业务 4-20】12 日，购入原材料，款未付，增值税专用发票、收料单（2张）如图 4-1-20-1 至图 4-1-20-3 所示。

安徽增值税专用发票

3401211130　　NO 01574233　　3401211130　　01574233

开票日期：2022年03月12日

密码区：
1*20>3>1+03+05//21507/0827
/72*256--219+19<1-4662>*0
--+06662<6>>/547+1*->009*2+
1-64151*220*+12<2/48<+0//-3

购买方	名称：合肥市美嘉针织有限公司
	纳税人识别号：91340300682535479W
	地址、电话：合肥市经济开发区繁华大道126号 0551-63962568
	开户行及账号：中国建设银行合肥经开支行 34030618742852246827

货物或应税劳务、服务名称	规格型号	单位	数量	单价	金额	税率	税额
*涤纶丝68D		米	1000	3.60	3600.00	13%	468.00
*氨纶丝30D		米	1000	5.60	5600.00	13%	728
*棉纱CF40		米	8000	1.60	12800.00	13%	1664
*氨纶丝40D		米	10500	2.2	23100	13%	3003
*氨纶丝70D		米	2100	5.6	11760	13%	1528.8
合计					¥56860.00		¥7391.80

价税合计（大写）　⊗ 陆万肆仟贰佰伍拾壹元捌角整　　（小写）¥64251.80

销售方	名称：合肥皖达化纤股份有限公司
	纳税人识别号：91457313905941814A
	地址、电话：安徽省合肥市经开区集贤路109号 0551-63741843
	开户行及账号：中国银行合肥集贤路支行 62531469308138132670

收款人：　复核：　开票人：林颖　销售方：章

图 4-1-20-1

收 料 单

2022 年 03 月 12 日

发票号码：　　　　　　　　　　　　　　　　　　　　　　　编号：00103
供应单位：合肥皖达化纤股份有限公司　　　　　　　　　　收料仓库：原材料仓
材料类别：

材料/编号	物料名称	规格型号	单位	数量		实际成本				
				应收	实收	买价		运杂费	其他	合计
						单价	金额			
106	涤纶丝68D		米	1000	1000					
107	氨纶丝30D		米	1000	1000					
108	氨纶丝40D		米	10500	10500					
109	氨纶丝70D		米	2100	2100					
		合计								

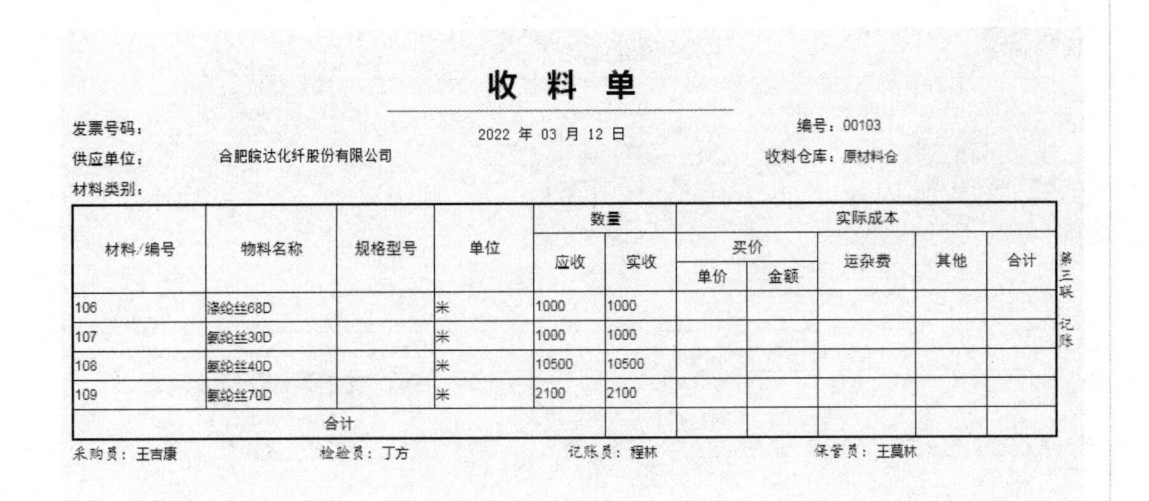

采购员：王吉康　　　检验员：丁方　　　记账员：程林　　　保管员：王莫林

图 4-1-20-2

收 料 单

2022 年 03 月 12 日

发票号码：　　　　　　　　　　　　　　　　　　　　　　　编号：00103
供应单位：合肥皖达化纤股份有限公司　　　　　　　　　　收料仓库：原材料仓
材料类别：

材料/编号	物料名称	规格型号	单位	数量		实际成本				
				应收	实收	买价		运杂费	其他	合计
						单价	金额			
110	棉纱CF40		米	8000	8000					
		合计								

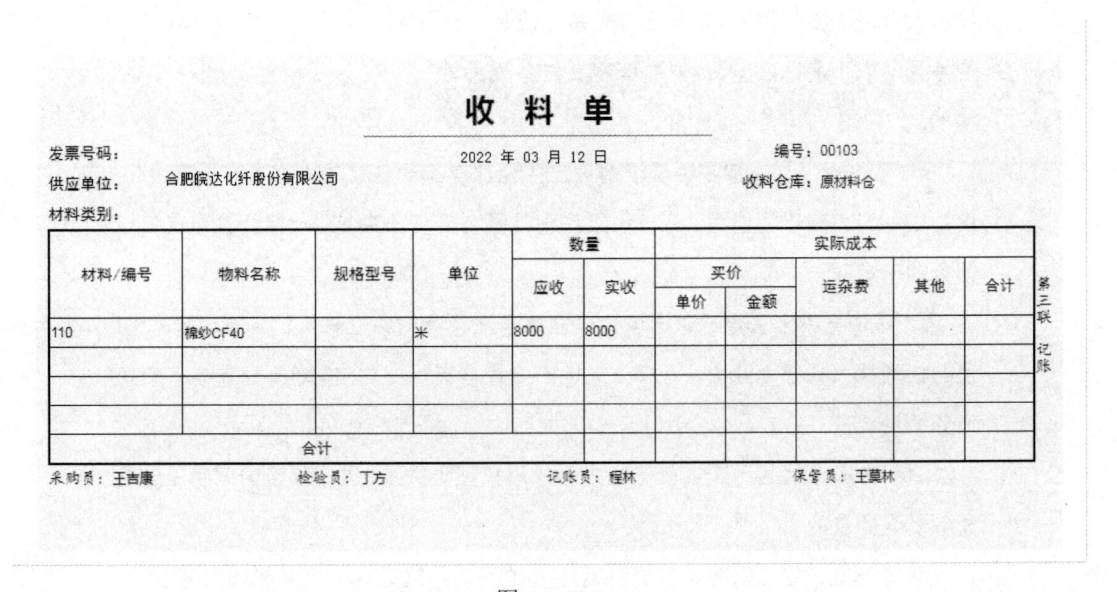

采购员：王吉康　　　检验员：丁方　　　记账员：程林　　　保管员：王莫林

图 4-1-20-3

【工作实例 4-21】12 日，因安徽俏丽女装有限公司财务困难，无法偿还 2019 年 8 月份所欠本公司的 20 万元货款，经协商，本公司同意安徽俏丽女装有限公司以其新购入的中央空调来偿还债务。公司已对该应收账款计提坏账准备 4000 元（收到的中央空调，还未安装验收）。增值税专用发票和债务重组协议如图 4-1-21-1 和图 4-1-21-2 所示。

		安徽增值税专用发票		NO 07123565			
3401211130							
				开票日期：	2022年03月12日		
购买方	名　　称：合肥市美嘉针织有限公司 纳税人识别号：91340300682535479W 地　　址、电话：合肥市经济开发区繁华大道126号 0551-63962568 开户行及账号：中国建设银行合肥经开支行 34030618742852246827			密码区	1*30>3>5*13+75//21507/0707 /20*276--610+79<0-4662>*0 ---+17002<6>>/322+1*->019*2+ 1-20394*250**+12<2/48<+0//-1		
货物或应税劳务、服务名称	规格型号	单位	数量	单价	金额	税率	税额
*制冷空调设备*空调		台	1	100000.00	100000.00	13%	13000.00
合　计					¥100000.00		¥13000.00
价税合计（大写）	⊗ 壹拾壹万叁仟元整				（小写） ¥113000.00		
销售方	名　　称：安徽俏丽女装有限公司 纳税人识别号：91340300716488 3981 地　　址、电话：安徽省合肥市庐阳区森景大道8号10栋 0551-64525519 开户行及账号：中国银行合肥庐阳支行 64843841367763346733			备注			
收款人：	复核：		开票人：张浩洋		销售方：章		

图 4-1-21-1

债务重组协议

债权人（以下简称甲方）：合肥市美嘉针织有限公司

债务人（以下简称乙方）：安徽俏丽女装有限公司

鉴于：

1. 甲方系依据中国法律在中国境内设立并合法存续的独立法人，具有履行本协议的权利能力和行为能力，有权独立作出处置自有资产决定，包括处置自有债权债务的决定；

2. 乙方系依据中国法律在中国境内设立并合法存续的独立法人，具有履行本协议的权利能力和行为能力，有权独立作出处置自有资产决定，包括处置自有债权债务的决定；

3. 协议双方有意就其因长期业务往来形成债权债务关系，进行相应的调整以实现债务重组的目的。

有鉴于此，甲乙双方经友好协商达成如下债务重组协议，以兹共同遵守：

一、截至本协议签署之时，乙方尚欠甲方货款人民币贰拾万元整（¥200000.00）。

图 4-1-21-2

二、由于乙方生产经营遇到了前所未有的困难，资金匮乏，短期内无法偿付所欠甲方货款。双方经协商，进行债务重组。合肥市美嘉针织有限公司同意安徽俏丽女装有限公司以其新购入的中央空调1套抵偿债务。该中央空调的市场价格（不含税）为人民币壹拾万元整（¥100000.00），剩余债务给予免除。

……

十、协议生效及其他

（1）本协议自双方代表签字并加盖公章之日起生效。

（2）本协议如有未尽事宜，由协议各方协商后另行签署相关补充协议。

（3）本协议正本一式二份，协议各方均持一份，均有同等法律效力。

甲方（签章）：合肥市美嘉针织有限公司　　乙方（签章）：安徽俏丽女装有限公司
代表：王明睿　　　　　　　　　　　　　　代表：汪思翰
日期：2022年3月12日　　　　　　　　　　日期：2022年3月12日

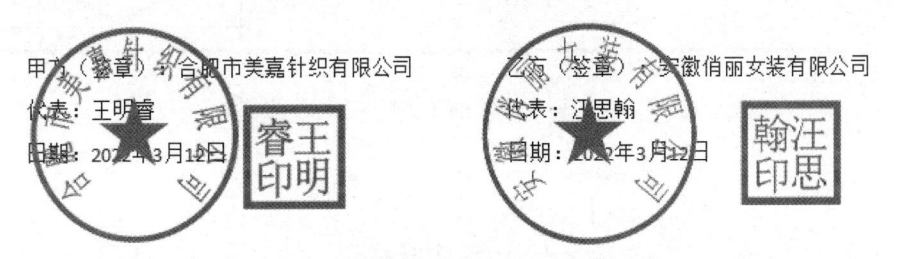

图 4-1-21-2（续）

【经济业务 4-22】15 日，中央空调验收，固定资产验收单如图 4-1-22-1 所示。

固定资产验收单

资产编号	BG0003	资产名称	中央空调		
规格（编号）		资产代码	ZYKT03	购置日期	2022年03月13日
计量单位	台	单价（元）	100000.00	金额（元）	100000.00
出厂日期	2022年03月10日	管理人	郭玉芬		
生产厂家	安徽美菱电器有限公司	安装使用地点	办公楼		
附件情况					
固定资产验收情况说明： 安装完成，可以正常使用。					
验收确认： 郭玉芬				验收日期：2022年03月15日	
管理部门经理签字：李乐琪					
公司总经理签字：王明睿					

图 4-1-22-1

【经济业务 4-23】15 日，发放上月工资，进账单、转账支票存根、工资结算汇总表、银行批量成功代付清单如图 4-1-23-1 至图 4-1-23-4 所示。

进账单（收账通知）

2022 年 03 月 15 日   3

出票人	全称	合肥市美嘉针织有限公司	收款人	全称	合肥市美嘉针织有限公司
	账号	34030618742852246827		账号	34010298836187694396
	开户银行	中国建设银行合肥市经济技术开发区支行		开户银行	中国建设银行合肥市经济技术开发区支行
金额	人民币（大写）	伍拾贰万捌仟贰佰叁拾捌元陆角捌分			¥ 5 2 8 2 3 8 6 8
票据种类	转账支票		票据张数	1	
票据号码	0002338				

复核　　　记账

中国建设银行 业务受理
收款人开户银行盖章

图 4-1-23-1

中国建设银行
转账支票存根
10203310
0002338

附加信息

出票日期 2022年03月15日
收款人 合肥市美嘉针织有限公司
金　额 ¥528238.68
用　途 发放工资

单位主管　　　会计

图 4-1-23-2

工资结算汇总表

2022年02月28日

金额单位：元

部门		短期薪酬		代扣工资				个人所得税	小计	实发金额
		应付工资	三险一金基数	养老保险 8.00%	失业保险 0.20%	医疗保险 2%+3	住房公积金 12.00%			
生产车间	生产工人	450110	447040	35763.2	894.08	9204.8	53644.8	0	99506.88	350603.12
	管理人员	35200	33000	2640	66	678	3960	57.5	7401.5	27798.5
管理部门		81040	80600	6448	161.2	1651	9672	1320	19252.2	61787.8
研发部门		56550	52200	4176	104.4	1071	6264	550	12165.4	44384.6
销售部门		55220	46400	3712	92.8	952	5568	1230.54	11555.34	43664.66
合计		678120	659240	52739.2	1318.48	13556.8	79108.8	3158.04	149881.32	528238.68

审核：朱家瑶　　　制单：林子洋

图 4-1-23-3

中国建设银行合肥经开支行批量成功代付清单

机构代码:519　　机构名称:中国建设银行合肥经开支行　　入账日期:2022.03.15

账号	姓名	金额
62148311544043165	于乐	3284.1
62148110968414217	丁祥林	3960
62148311544043017	莫白	3688
62148110968414029	宁秋燕	3860.8
62149324104043187	郭成林	4251.6
62176256841428925	董方艺	2988
以下略		
合计		528238.68

图 4-1-23-4

【经济业务 4-24】15 日，缴纳住房公积金，转账支票存根、住房公积金计算表、住房公积金汇（补）缴书如图 4-1-24-1 至图 4-1-24-3 所示。

中国建设银行
转账支票存根
10203310
0002339

出票日期　2022年03月15日
收款人　合肥市美嘉针织有限公司
金　额　¥142032.00
用　途　公积金
单位主管　　　会计

图 4-1-24-1

住房公积金计算表

2022年03月15日　　　　　　　　　　金额单位：元

部门		缴费基数	短期薪酬（住房公积金）		
			企业承担部分 12.00%	个人承担部分 12.00%	小计
生产车间	生产工人	355600	42672	42672	85344
	管理人员	33000	3960	3960	7920
管理部门		93000	11160	11160	22320
研发部门		52200	6264	6264	12528
销售部门		58000	6960	6960	13920
合计		591800	71016	71016	142032

审核：朱家瑶　　　　　　　　　　制单：林子洋

图 4-1-24-2

住房公积金汇（补）缴书--网缴   NO: 59103282

单位名称	合肥市美嘉针织有限公司		汇缴年月	2022年03月
公积金代码	34029698140831594113		汇缴人数	75
汇缴金额	人民币：壹拾肆万贰仟零叁拾贰元整			
小写金额	人民币：142032.00			
附报资料	项目	人数	金额	单位	职工
	上月汇缴				
	本月增加				
	本月减少				
	基数调整				
	本月汇缴				

住房公积金管理中心制

图 4-1-24-3

【经济业务 4-25】15 日，缴纳社保，社会保险计算表、银行电子缴税付款凭证如图 4-1-25-1 和图 4-1-25-2 所示。

社会保险计算表

2022年03月15日   金额单位：元

部门		缴费基数	短期薪酬			离职后福利				小计
			医疗保险		工伤保险	养老保险		失业保险		
			企业承担部分	个人承担部分	全部企业承担	企业承担部分	个人承担部分	企业承担部分	个人承担部分	
			10.8%	2%+3	0.20%	16.00%	8.00%	0.80%	0.20%	
生产车间	生产工人	355600.00	38404.8	7382.00	711.20	56896.00	28448.00	2844.80	711.20	135398.00
	管理人员	33000.00	3564.00	678.00	66.00	5280.00	2640.00	264.00	66.00	12558.00
管理部门		93000.00	10044.00	1899.00	186.00	14880.00	7440.00	744.00	186.00	35379.00
研发部门		52200.00	5637.6	1071.00	104.40	8352.00	4176.00	417.60	104.40	19863.00
销售部门		58000.00	6264.00	1184.00	116.00	9280.00	4640.00	464.00	116.00	22064.00
合计		591800.00	63914.4	12214.00	1183.60	94688.00	47344.00	4734.40	1183.60	225262.00

审核：朱家瑶   制单：林子洋

图 4-1-25-1

建设银行电子缴税付款凭证

转账日期：2022年03月15日　　　　　　　　　　　凭证号：57989105

纳税人名称及纳税人识别号：合肥市美嘉针织有限公司 91340300682535479W

付款人全称：合肥市美嘉针织有限公司	征收机关名称：国家税务总局合肥市经开区税务局
付款人账号：34030618742852246827	收款国库（银行）名称：国家金库合肥市经开区支库
付款人开户银行：中国建设银行合肥市经济技术开发区支行	
小写（合计金额）：¥225262.00	缴款书交易流水号：2022031505320189
大写（合计金额）：贰拾贰万伍仟贰佰陆拾贰元整	税票号码：48710376

税、费税号：
税款属期：2022年03月

税（费）种名称	实缴金额
社保费（养老）	142032.00
社保费（医疗）	76128.40
社保费（失业）	5918.00
社保费（工伤）	1183.60

中国建设银行 业务受理

第　　次打印　　　　　　　　　　打印日期：2022年03月15日

第二联作付款回单（无银行收讫章无效）　　复核　　　　记账

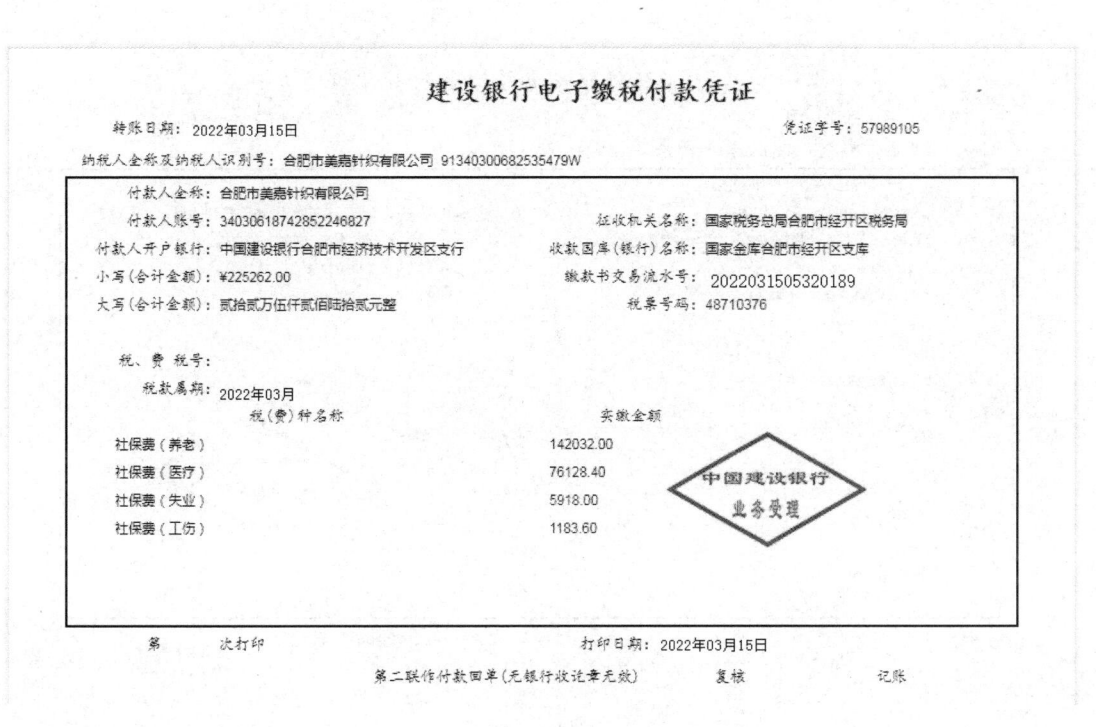

图 4-1-25-2

【经济业务 4-26】15 日，拨交上月工会经费，银行转账支票存根、银行电子缴税付款凭证、行政拨交工会经费缴款书如图 4-1-26-1 至图 4-1-26-3 所示。

中国建设银行
转账支票存根
10203310
0002340

附加信息

出票日期　2022年03月15日
收款人　合肥市美嘉针织有限公司工会委员会
金额　¥8137.44
用途　缴纳工会经费
单位主管　　会计

图 4-1-26-1

建设银行电子缴税付款凭证

转账日期：2022年03月15日　　　　凭证字号：57989228

纳税人全称及纳税人识别号：合肥市美嘉针织有限公司 91340300682535479W

付款人全称：	合肥市美嘉针织有限公司		
付款人账号：	340306187428522246827	征收机关名称：	国家税务总局合肥市经开区税务局
付款人开户银行：	中国建设银行合肥市经济技术开发区支行	收款国库(银行)名称：	国家金库合肥市经开区支库
小写(合计金额)：	¥5424.96	缴款书交易流水号：	2021031505320368
大写(合计金额)：	伍仟肆佰贰拾肆圆玖角陆分	税票号码：	48710492

税、费 税号：

税款属期：2022年02月

税(费)种名称	实缴金额
工会经费	5424.96

中国建设银行
业务受理

第　　次打印　　　　打印日期：2022年03月15日

第二联作付款回单(无银行收讫章无效)　　复核　　记账

图 4-1-26-2

行政拨交工会经费缴款书

缴款单位电话0551-63962568　　缴款日期　2022年03月15日　　字第005　号

所属月份	2月	职工人数	75	本月工资总额	678120.00	按2%计应拨交经费	13562.40
收入基层工会 工作费户		上解上级工会 工作费户		缴款单位			
户名	合肥市美嘉针织工会委员会	户名	合肥市经开区工会委员会	户名	合肥市美嘉针织有限公司		
账号	34002049057496287025	账号	34008888000025987102	账号	340306187428522246827		
开户行	建设银行合肥经开支行	开户行	建设银行合肥经开支行	开户行	建设银行合肥经开支行		
比例	万 千 百 十 元 角 分	比例	万 千 百 十 元 角 分	合计	十 万 千 百 十 元 角 分		
60%	¥ 8 1 3 7 4 4	40%	¥ 5 4 2 4 9 6		¥ 1 3 5 6 2 4 0		
合计金额人民币（大写）				上列款项已划转有关工会账户			
缴款单位盖章：合肥市美嘉针织有限公司 财务专用章　年　月　日		工会委员会盖章：　年　月　日		银行盖章 中国建设银行 业务受理			

第一联由银行退缴款单位作回单

图 4-1-26-3

【经济业务 4-27】15 日，缴纳上月各项税费，银行电子缴税付款凭证（3 张）如图 4-1-27-1 至图 4-1-27-3 所示。

建设银行电子缴税付款凭证

转账日期：2022年03月15日　　　　　　　　　　　　　　凭证字号：57989236

纳税人全称及纳税人识别号：合肥市美嘉针织有限公司　91340300682535479W

付款人全称：合肥市美嘉针织有限公司	
付款人账号：34030618742852246827	征收机关名称：国家税务总局合肥市经开区税务局
付款人开户银行：中国建设银行合肥市经济技术开发区支行	收款国库(银行)名称：国家金库合肥市经开区支库
小写(合计金额)：¥17548.20	缴款书交易流水号：2022031505320369
大写(合计金额)：壹万柒仟伍佰肆拾捌元贰角	税票号码：48710507

税、费 税号：

税款属期：2022年02月

税(费)种名称	实缴金额
城市维护建设税	10236.45
教育费附加	4387.05
地方教育费附加	2924.7

（中国建设银行业务受理）

第　次打印　　　　　　　　　　　　　打印日期：2022年03月15日

第二联作付款回单(无银行收讫章无效)　　复核　　　记账

图 4-1-27-1

建设银行电子缴税付款凭证

转账日期：2022年03月15日　　　　　　　　　　　　　　凭证字号：57989235

纳税人全称及纳税人识别号：合肥市美嘉针织有限公司　91340300682535479W

付款人全称：合肥市美嘉针织有限公司	
付款人账号：34030618742852246827	征收机关名称：国家税务总局合肥市经开区税务局
付款人开户银行：中国建设银行合肥市经济技术开发区支行	收款国库(银行)名称：国家金库合肥市经开区支库
小写(合计金额)：¥146235.00	缴款书交易流水号：2022031553200367
大写(合计金额)：壹拾肆万陆仟贰佰叁拾伍元整	税票号码：48710506

税、费 税号：

税款属期：2022年02月

税(费)种名称	实缴金额
增值税	146235.00

（中国建设银行业务受理）

第　次打印　　　　　　　　　　　　　打印日期：2022年03月15日

第二联作付款回单(无银行收讫章无效)　　复核　　　记账

图 4-1-27-2

【经济业务4-28】15日，收到6日销售给南京富莱针织有限公司的货款，现金折扣计算表、银行电子回单如图 4-1-28-1 和图 4-1-28-2 所示。

建设银行电子缴税付款凭证

转账日期：2022年03月15日　　　　　　　　　　凭证字号：57989237

纳税人全称及纳税人识别号：合肥市美嘉针织有限公司 91340300682535479W

付款人全称：	合肥市美嘉针织有限公司	征收机关名称：	国家税务总局合肥市经开区税务局
付款人账号：	34030618742852246827	收款国库(银行)名称：	国家金库合肥市经开区支库
付款人开户银行：	中国建设银行合肥市经济技术开发区支行	缴款书交易流水号：	2021031505320388
小写(合计金额)：	¥3158.04	税票号码：	48710508
大写(合计金额)：	叁仟壹佰伍拾捌元零肆分		

税、费税号：
税款属期：2022年02月

税(费)种名称	实缴金额
个人所得税	3158.04

中国建设银行业务受理

第　次打印　　　　　　　　　　打印日期：2022年03月15日

第二联作付款回单（无银行收讫章无效）　　复核　　记账

图 4-1-27-3

现金折扣计算表
单位：元

产品名称	金额	税额	合计
A类棉混纺针织布	149,700.00	19,461.00	169,161.00
B类棉混纺针织布	238,050.00	30,946.50	268,996.50
A类尼龙混纺弹力针织布	299,700.00	38,961.00	338,661.00
B类尼龙混纺弹力针织布	269,700.00	35,061.00	304,761.00
合计	957,150.00	124,429.50	1,081,579.50
现金折扣方案	2/10	2/10	2/10
折扣金额	19,143.00	2,488.59	21,631.59
折后金额	938,007.00	121,940.91	1,059,947.91

审核：朱家瑶　　　　　　　　　　　　　　　制单：程林

图 4-1-28-1

中国建设银行客户专用回单

币别：人民币　　　2022年03月15日　　　流水号：818422353251

付款人	全称	南京富莱针织有限公司	收款人	全称	合肥市美嘉针织有限公司
	账号	46116149579658432218		账号	34030618742852246827
	开户行	中国工商银行南京胜太路支行		开户行	中国建设银行合肥市经济技术开发区支行
金额	（大写）壹佰零伍万玖仟玖佰肆拾柒元玖角壹分			（小写）¥1059947.91	
凭证种类			凭证号码		
结算方式	转账		用途	收到货款	

中国建设银行业务受理

（借方回单）

打印时间：20220315　　交易柜员：EBB001　　交易机构：0101200399

图 4-1-28-2

【经济业务4-29】16日，支付江苏精益纺织纱线有限公司上月纺纱费用，银行电子回单如图4-1-29-1所示。

中国建设银行客户专用回单

币别：人民币　　2022年03月16日　　流水号：818422357549

付款人	全称	合肥市美嘉针织有限公司	收款人	全称	江苏精益纺织纱线有限公司
	账号	34030618742852246827		账号	6841283644351548234
	开户行	中国建设银行合肥市经济技术开发区支行		开户行	中国银行南京江宁支行
金额	（大写）壹万元整			（小写）¥ 10000.00	
凭证种类			凭证号码		
结算方式	转账		用途	支付纺纱费用	

（中国建设银行业务受理）

打印时间：20220316　　交易柜员：EBB001　　交易机构：0101200399

图4-1-29-1

【经济业务4-30】16日，预付办公室装修款，银行电子回单如图4-1-30-1所示。

中国建设银行客户专用回单

币别：人民币　　2022年03月16日　　流水号：818422357553

付款人	全称	合肥市美嘉针织有限公司	收款人	全称	安徽大地装修有限公司
	账号	34030618742852246827		账号	34160112150223066281
	开户行	中国建设银行合肥市经济技术开发区支行		开户行	交通银行合肥黄山路支行
金额	（大写）伍万元整			（小写）¥ 50000.00	
凭证种类			凭证号码		
结算方式	转账		用途	预付办公室装修款	

（中国建设银行业务受理）

打印时间：20220316　　交易柜员：EBB001　　交易机构：0101200399

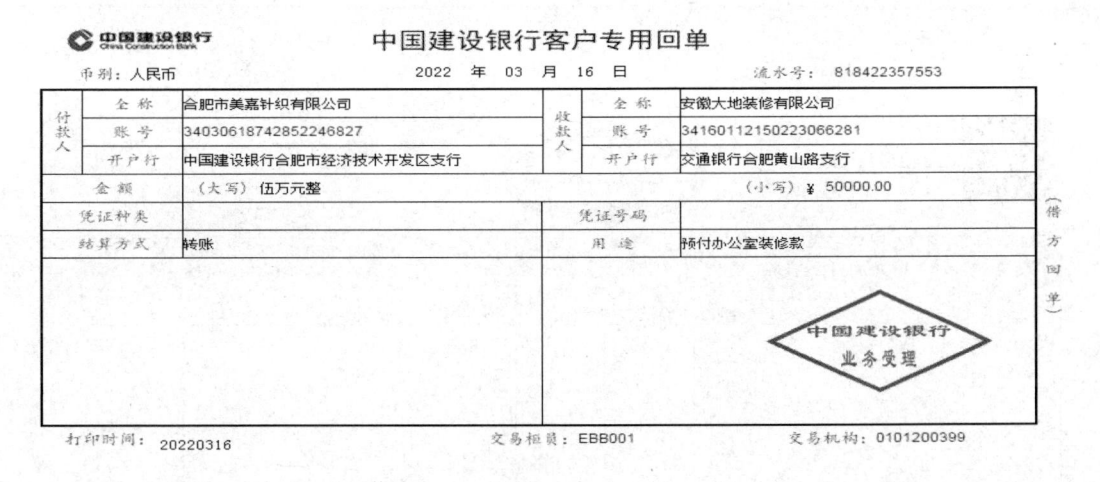

图4-1-30-1

【经济业务4-31】17日，收到员工违纪罚款，收款收据如图4-1-31-1所示。

收款收据

NO 0002235

2022 年 03 月 17 日

今收到：卢秀芳

系付：违纪罚款

金额（大写）：伍佰元整

核准：　　会计：程林　　记账：　　出纳：向海阳

图 4-1-31-1

【经济业务 4-32】17 日，报销加油费，费用报销审批单、增值税专用发票如图 4-1-32-1 和图 4-1-32-2 所示。

费用报销审批单

部门：总经办　　2022 年 03 月 17 日

经手人	黄永德		事由	报销加油费	
项目		金额		付款方式	备注
车辆加油费		2260.00		现金	
合计		¥2260.00			
公司领导审批意见	财务主管		部门领导	出纳	经手人
王明春	朱家瑶			向海阳	黄永德

图 4-1-32-1

安徽增值税专用发票

发票代码：3401211130
发票号码：00233876

开票日期：2022年03月17日

密码区：
1*30>3>5*13+75//21507/0707
/67*276--616+79<0-4662>*0
--+17002<6>>/312+1*->019*2+
1-20394*250**+12<2/48<+0//-1

购买方：
名　称：合肥市美嘉针织有限公司
纳税人识别号：91340300682535479W
地址、电话：合肥市经济开发区繁华大道126号 0551-63962568
开户行及账号：中国建设银行合肥经开支行 34030618742852246827

货物或应税劳务、服务名称	规格型号	单位	数量	单价	金额	税率	税额
*石油制品*汽油		升	312.5	6.40	2000.00	13%	260.00
合计					¥2000.00		¥260.00

价税合计（大写）：⊗ 贰仟贰佰陆拾元整　　（小写）¥2260.00

销售方：
名　称：合肥市长青石油有限公司
纳税人识别号：91345081173495621358
地址、电话：安徽省合肥市包河大道234号 0551-64962668
开户行及账号：中国银行合肥北京路支行 82463421597824510963

收款人：　　复核：　　开票人：李欣欣　　销售方：章

图 4-1-32-2

【经济业务4-33】18日，销售产品，未收款，购销合同、增值税专用发票、销售货物清单如图4-1-33-1至图4-1-33-3所示。

购销合同

供货单位（甲方）：合肥市美嘉针织有限公司
购货单位（乙方）：合肥市艾拓服饰有限公司

根据《中华人民共和国合同法》及国家相关法律、法规之规定，甲乙双方本着平等互利的原则，就乙方购买甲方产品一事达成如下协议。

一、产品名称、数量、价格
1、产品名称：A类棉混纺针织布；B类棉混纺针织布；A类尼龙混纺弹力针织布；B类尼龙混纺弹力针织布
2、产品数量：500；500；350；350
3、产品价格：
　　单价：499；529；999；899
　　货款总额：1178300元（大写人民币：壹佰壹拾柒万捌仟叁佰元整）

二、货款结算
1、付款方式：发货后25天内支付货款
2、甲方开户行：中国建设银行合肥市经济技术开发区支行　账号：34030618742852246827
3、乙方须一次性向甲方付清货款。货款到达甲方账户后，甲方于两个工作日内发出货物及发票。

三、违约责任
甲乙双方任何一方违约，违约方应按照国家有关法律、法规规定向守约方支付违约金。守约方由此引起的经济损失，有权向违约方进行追索。

本合同自双方签字、盖章之日起生效。本合同壹式贰份，甲乙双方各执壹份。

甲方（签章）：合肥市美嘉针织有限公司
代表：郑明睿
地址：合肥市经济开发区繁华大道
电话：0551-63962568
2022年3月18日

乙方（签章）：合肥市艾拓服饰有限公司
代表：王颜彬
地址：合肥市新站区佳海工业城二期
电话：0551-83484352
2022年3月18日

图 4-1-33-1

安徽增值税专用发票　NO 00521809
3401211130
00521809

开票日期：2022年03月18日

购买方	名　称：合肥市艾拓服饰有限公司 纳税人识别号：91340100695113187C 地　址、电　话：合肥新站区佳海工业城二期A6栋25号0551-63484352 开户行及账号：中国建设银行合肥新站支行46238281943966304495	密码区	1*32>4>6*33+55//24457/0827 /67*206--6660+89<0-4272>*0 --+18177<4>/322+1*->059>2+ 1-71865*280*+52<0/28<+1//-2

货物或应税劳务、服务名称	规格型号	单位	数量	单价	金额	税率	税额
*A类棉混纺针织布		米	500	499.00	249500.00	13%	32435.00
*B类棉混纺针织布		米	500	529.00	264500.00	13%	34385.00
*A类尼龙混纺弹力针织布		米	350	999.00	349650.00	13%	45454.50
*B类尼龙混纺弹力针织布		米	350	899.00	314650.00	13%	40904.50
合计					¥1178300.00		¥153179.00

价税合计（大写）	⊗ 壹佰叁拾叁万壹仟肆佰柒拾玖元整	（小写）¥1331479.00

销售方	名　称：合肥市美嘉针织有限公司 纳税人识别号：91340300682535479W 地　址、电　话：合肥市经济开发区繁华大道126号0551-63962568 开户行及账号：中国建设银行合肥经开支行34030618742852246827	备注	

收款人：　　复核：　　开票人：程林　　销售方：章

图 4-1-33-2

销售货物或者提供应税劳务清单

购买方名称：合肥市艾拓服饰有限公司

销售方名称：合肥市美嘉针织有限公司

所属增值税专用发票代码：1101191130　　号码：00521809　　共 1 页 第 1 页

序号	货物（劳务）名称	规格型号	单位	数量	单价	金额	税率	税额
1	A类棉混纺针织布		米	500	499.00	249500.00	13%	32435.00
2	B类棉混纺针织布		米	500	529.00	264500.00	13%	34385.00
3	A类尼龙混纺弹力针织布		米	350	999.00	349650.00	13%	45454.50
4	B类尼龙混纺弹力针织布		米	350	899.00	314650.00	13%	40904.50

图 4-1-33-3

【经济业务 4-34】20 日，支付 3 栋厂房设计费，银行电子回单、增值税专用发票如图 4-1-34-1 和图 4-1-34-2 所示。

中国建设银行 China Construction Bank

中国建设银行客户专用回单

币别：人民币　　2022 年 03 月 20 日　　流水号：818422357549

付款人	全　称	合肥市美嘉针织有限公司	收款人	全　称	合肥市家乐设计有限公司
	账　号	34011000898765622599		账　号	62230055182947851159
	开户行	建设银行合肥明珠广场支行		开户行	中国银行合肥桐城路支行
金　额	（大写）贰万伍仟肆佰肆拾元整			（小写）¥ 25440.00	
凭证种类			凭证号码		
结算方式	转账		用　途	支付厂房设计费用	

（借方回单）

中国建设银行 业务受理

打印时间：20220320　　交易柜员：EBB001　　交易机构：0101200399

图 4-1-34-1

项目四 企业经济业务会计处理

安徽增值税专用发票 NO 20528176

3401211130
20528176

开票日期: 2022年03月20日

购买方	名称: 合肥市美嘉针织有限公司 纳税人识别号: 91340300682535479W 地址、电话: 合肥市经济开发区繁华大道126号 0551-63962568 开户行及账号: 中国建设银行合肥经开支行 34030618742852246827	密码区	67*20>3>1*03+05//23337/0827 /72*256--222+19<1-46555>*0 --+600008<6>>/547+1*->009*2+ 1-67689*210*+11<2/28<+0//33

货物或应税劳务、服务名称	规格型号	单位	数量	单价	金额	税率	税额
*设计服务*设计费		次	1	24000.00	24000.00	6%	1440.00
合计					¥24000.00		¥1440.00

价税合计(大写): ⊗ 贰万伍仟肆佰肆拾元整   (小写) ¥25440.00

| 销售方 | 名称: 合肥市家乐设计有限公司
纳税人识别号: 91342608377284251 6
地址、电话: 安徽省合肥市包河区桐城路78号 0551-62817635
开户行及账号: 中国银行合肥桐城路支行 6223005518294785 1159 | 备注 | |

收款人: 复核: 开票人: 李玉秀   销售方: 章

图 4-1-34-2

【工作实例 4-35】20 日,票据贴现,银行承兑汇票复印件、贴现凭证(收账通知)如图 4-1-35-1 和图 4-1-35-2 所示。

银行承兑汇票 2 CA01 68792082

出票日期(大写): 贰零贰贰 年零贰 月零壹拾 日

出票人全称	安徽庆鑫纺织有限公司	收款人	全称	合肥市美嘉针织有限公司
出票人账号	62340806562089151321		账号	34030618742852246827
付款行全称	中国建设银行合肥经开支行		开户银行	中国建设银行合肥经开支行
出票金额	人民币(大写) 陆拾万元整			亿千百十万千百十元角分 ¥ 6 0 0 0 0 0 0 0
汇票到期日(大写)	贰零贰贰年伍月零壹拾日	付款行	行号	601110112207
承兑协议编号	938989355		地址	安徽省合肥市经开区繁华大道756号

承兑日期: 2022年02月10日

图 4-1-35-1

贴现凭证(收账通知) 5

填写日期：2022年03月20日　第001号

贴现汇票	种类	银行承兑汇票	号码	68792082	申请人	全称	合肥市美嘉针织有限公司
	出票日	2022年2月10日				账号	34030618742852246827
	到期日	2022年5月10日				开户银行	中国建设银行合肥经开支行
	汇票承兑人（或银行）	名称	建设银行合肥经开支行			账号		开户银行	

汇票金额 人民币（大写）陆拾万元整　￥600000.00

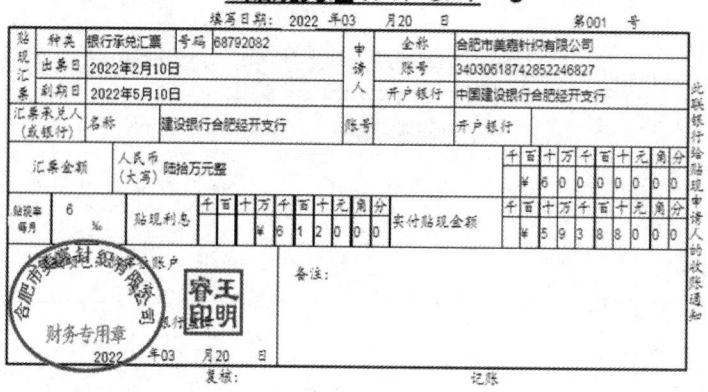

贴现率 6‰　贴现利息 ￥6120.00　实付贴现金额 ￥593880.00

图 4-1-35-2

【经济业务 4-36】20 日，支付上月运费，付款申请书、银行电子回单如图 4-1-36-1 和图 4-1-36-2 所示。

付款申请书
2022年3月20日

用途及情况	金额									收款单位（人）	合肥市德邦物流有限公司
支付职工培训费	亿	千	百	十	万	千	百	十	元	角	分	账号：48210555538892007349
					￥	2	2	8	9	0	0	0	开户行：中国工商银行合肥集贤路支行
金额（大写）	人民币 贰万贰仟捌佰玖拾元整									结算方式：转账
总经理：王明睿	财务部门	经理	朱家瑶	业务部门	经理	黄国荣
		会计	向海阳		经办人	何志其

图 4-1-36-1

中国建设银行客户专用回单

币别：人民币　2022 年 03 月 20 日　流水号：818422357681

付款人	全称	合肥市美嘉针织有限公司	收款人	全称	合肥市德邦物流有限公司
	账号	34030618742852246827		账号	48210555538892007349
	开户行	中国建设银行合肥市经济技术开发区支行		开户行	中国工商银行合肥集贤路支行
金额	（大写）贰万贰仟捌佰玖拾元整			（小写）￥22890.00
凭证种类		凭证号码	
结算方式	转账	用途	支付运费

（借方回单）

中国建设银行
业务受理

打印时间：20220320　交易柜员：EBB001　交易机构：0101200399

图 4-1-36-2

【经济业务4-37】20日,支付职工培训费,付款申请书、增值税专用发票、银行电子回单如图4-1-37-1至图4-1-37-3所示。

付款申请书

2022年3月20日

用途及情况	金额										收款单位(人)	合肥市恒信培训中心
支付职工培训费	亿	千	百	十	万	千	百	十	元	角	分	账号:42826673552819000027
					¥	3	3	9	2	0	0	开户行:中国农业银行合肥芙蓉路支行
金额(大写)	人民币 叁仟叁佰玖拾贰元整											结算方式:转账
总经理:王明睿	财务部门		经理	朱家瑶		业务部门		经理		黄国荣		
			会计	向海				经办人		何志其		

图 4-1-37-1

安徽增值税专用发票 NO 05073978

3401211130
05073978

开票日期:2022年03月20日

购买方	名称:合肥市美嘉针织有限公司 纳税人识别号:91340300682535479W 地址、电话:合肥市经济开发区繁华大道126号 0551-63962568 开户行及账号:中国建设银行合肥经开支行 34030618742852246827	密码区	67*20>3>1*03+05//23337/0827 /72*256--231+19<1-46555>*0 --+609008<6>>/047+1*->069*2+ 1-67689*210*+11<2/28<+0//33

货物或应税劳务、服务名称	规格型号	单位	数量	单价	金额	税率	税额
*生活服务*培训费		次	1	3200.00	3200.00	6%	192.00
合计					¥3200.00		¥192.00

价税合计(大写) ⊗ 叁仟叁佰玖拾贰元整   (小写) ¥3392.00

销售方	名称:合肥市恒信培训中心 纳税人识别号:91440316031350597 地址、电话:安徽省合肥市经开区芙蓉路386号 0551-64356635 开户行及账号:中国农业银行合肥芙蓉路支行 42826673552819000	备注	

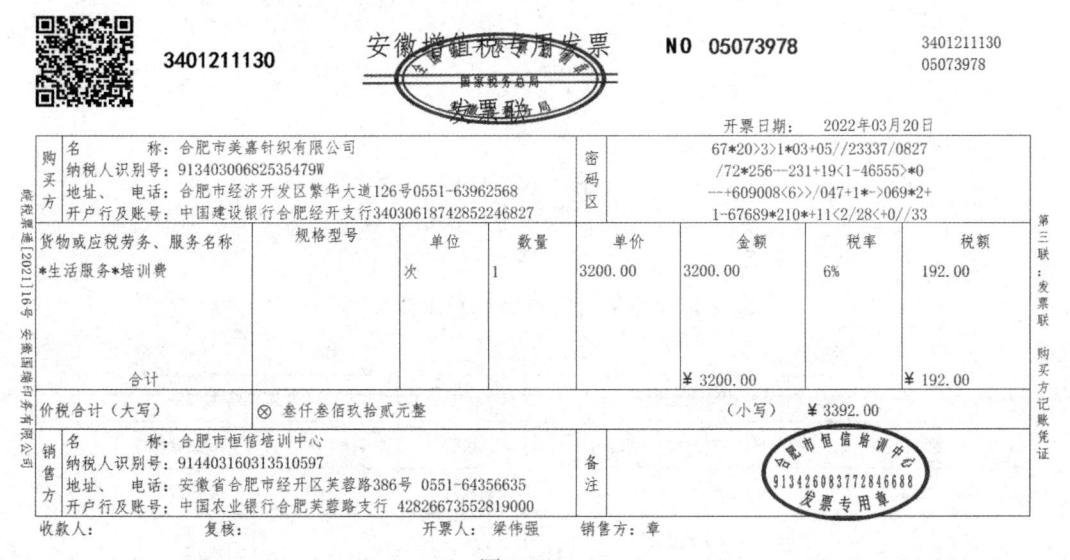

收款人: 复核: 开票人:梁伟强   销售方:章

图 4-1-37-2

中国建设银行客户专用回单

币别:人民币   2022年3月20日   流水号:20220320567

付款人	名称	合肥市美嘉针织有限公司	收款人	名称	合肥市恒信培训中心
	账号	34030618742852246827		账号	安徽省合肥市经开区芙蓉路386号 0551-86435
	开户行	中国建设银行合肥市经济技术开发区支行		开户行	中国农业银行合肥芙蓉路支行 42826735528
金额	(大写)叁仟叁佰玖拾贰元整			(小写)¥3392.00	
凭证种类	网银		凭证号码	818466234567	
结算方式	转账		用途	支付职工培训费	

打印时间:20210320   交易柜员:EBB001   交易机构:01012000344

图 4-1-37-3

【经济业务 4-38】21 日，收到存款利息，利息清单（2 张）如图 4-1-38-1 和图 4-1-38-2 所示。

中国建设银行（存款）利息清单

币别：人民币　　　　　　　　　　　　2022年3月21日

户名：	合肥市美嘉针织有限公司		账号：	34030618742852246827	
计息项目	起息日	结息日	积数	利率（%）	利息金额
活期储蓄存款	20211221	20220321	216000000.00	0.35%	2100.00
合计（大写）	贰仟壹佰圆整				
			中国建设银行合肥经开支行 2022.03.21 转讫 银行签章		

第二联 客户回单

图 4-1-38-1

中国建设银行（存款）利息清单

币别：人民币　　　　　　　　　　　　2022年3月21日

户名：	合肥市美嘉针织有限公司		账号：	34030618742852246827	
计息项目	起息日	结息日	积数	利率（%）	利息金额
活期储蓄存款	20211221	20220321	77657142.86	0.35%	755.00
合计（大写）	柒佰伍拾伍元整				
			中国建设银行合肥经开支行 2022.03.21 转讫 银行签章		

第二联 客户回单

图 4-1-38-2

【经济业务 4-39】21 日，购入工程物资直接用于厂房建设，增值税专用发票、入库单如图 4-1-39-1 和图 4-1-39-2 所示。

项目四 企业经济业务会计处理

安徽增值税专用发票

NO 21034354

3401211130
21034354

开票日期：2022年03月21日

购买方	名称：合肥市美嘉针织有限公司
	纳税人识别号：91340300682535479W
	地址、电话：合肥市经济开发区繁华大道126号 0551-63962568
	开户行及账号：中国建设银行合肥经开支行 34030618742852246827

密码区：
67*20>3>1*03+05//23337/0827
/72*256--131+19<1-46555>*0
--609408<6>/047+1*->069*2+
1-67619*210*+11<2/28<+0//33

货物或应税劳务、服务名称	规格型号	单位	数量	单价	金额	税率	税额
*非金属矿物制品*水泥		吨	200	500.00	100000.00	13%	13000.00
合计					¥100000.00		¥13000.00

价税合计（大写）⊗ 壹拾壹万叁仟元整　（小写）¥113000.00

销售方	名称：合肥卓越建筑材料有限公司
	纳税人识别号：91348877565912375F
	地址、电话：合肥肥西县繁华大道2287号 0551-68802495
	开户行及账号：肥西农商行农路分理处 34246709187615190806

收款人：　复核：　开票人：郝甜　销售方：章

图 4-1-39-1

入库单　No202203001

送货厂商：合肥卓越建筑材料有限公司
物料类别：□原材料　□成品　☑其他　　2022年3月21日　元

品名/牌号	订单号	规格	数量	单位	单价	金额
水泥	Z001		200	吨	500	100000.00

主管：陈妮　　品管：王莫林　　仓库：程林　　送货人：周卫林

图 4-1-39-2

【经济业务 4-40】21 日，支付广告费，付款申请书、银行转账支票存根、银行进账单（回单）、增值税专用发票如图 4-1-40-1 至图 4-1-40-4 所示。

付款申请书
2022年3月21日

用途及情况	金额										收款单位（人）	合肥正大广告有限公司
支付广告费	亿	千	百	十	万	千	百	十	元	角	分	账号：30080792087615190060
					¥3	1	8	0	0	0	0	开户行：中国农业银行合肥翡翠路支行
金额（大写）	人民币 叁万壹仟捌佰元整										结算方式：转账	
总经理：王明睿	财务部门	经理	朱家瑶		业务部门	经理	梁天红					
		会计	向海阳			经办人	康帅					

图 4-1-40-1

103

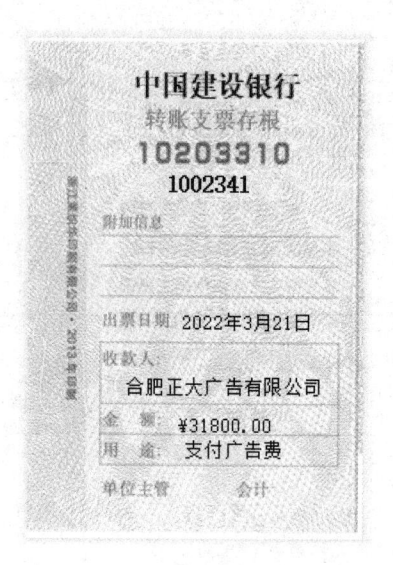

图 4-1-40-2

图 4-1-40-3

安徽增值税专用发票

3401211130　　　　　　　　　　NO 21345763　　3401211130
　　　　　　　　　　　　　　　　　　　　　　　　221345763

开票日期：2022年03月21日

购买方	名　称：合肥市美嘉针织有限公司	密码区	67*20>3>1*03+05//23337/0827 /32*256--131+19<1-46555>*0 ---+606408<6>>/047+1*->069>2+ 1-67919*210**11<2/28<+0//33
	纳税人识别号：91340300682535479W		
	地址、电话：合肥市经济开发区繁华大道126号 0551-63962568		
	开户行及账号：中国建设银行合肥经开支行 34030618742852246827		

货物或应税劳务、服务名称	规格型号	单位	数量	单价	金额	税率	税额
*广告服务*广告宣传费		次	1	30000.00	30000.00	6%	1800.00
合计					¥ 30000.00		¥ 1800.00
价税合计（大写）	⊗ 叁万壹仟捌佰元整				（小写） ¥ 31800.00		

销售方	名　称：合肥正大广告有限公司	备注	（发票专用章） 合肥正大广告有限公司 91345032 0A97073571
	纳税人识别号：91345032 0A97073571		
	地址、电话：安徽省合肥市包河区翡翠路799号 0551-68489145		
	开户行及账号：中国农业银行合肥翡翠路支行 30080792087615190		

收款人：　　　复核：　　　开票人：黄玉　　　销售方：章

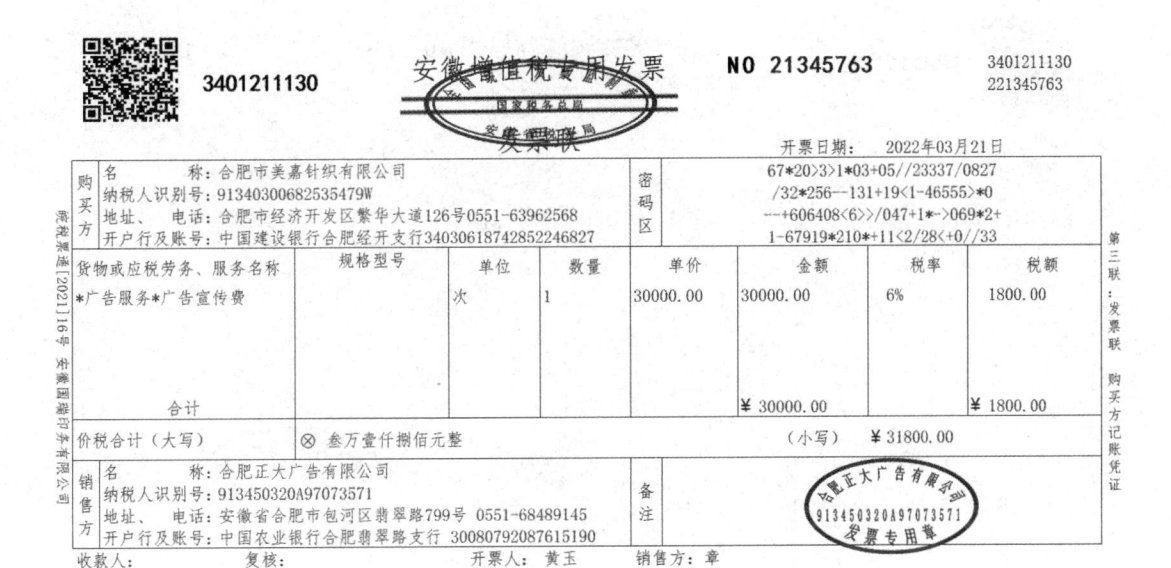

图 4-1-40-4

【经济业务 4-41】22 日，支付本月管理部门通信费，增值税专用发票（2张）、托收凭证（付款凭证）如图 4-1-41-1～图 4-1-41-3 所示。

安徽增值税专用发票

3401211130　　　　　　　　　　NO 21356755　　3401211130
　　　　　　　　　　　　　　　　　　　　　　　　21356755

开票日期：2022年03月22日

购买方	名　称：合肥市美嘉针织有限公司	密码区	67*20>3>1*03+05//23337/0827 /32*256--131+19<1-46515>*9 --+604408<6>>/007+1*->069>2+ 1-67919*210**11<2/28<+0//33
	纳税人识别号：91340300682535479W		
	地址、电话：合肥市经济开发区繁华大道126号 0551-63962568		
	开户行及账号：中国建设银行合肥经开支行 34030618742852246827		

货物或应税劳务、服务名称	规格型号	单位	数量	单价	金额	税率	税额
*电信服务*电信增值服务费		次	1	2500.00	2500.00	6%	150.00
合计					¥ 2500.00		¥ 150.00
价税合计（大写）	⊗ 贰仟陆佰伍拾元整				（小写） ¥ 2650.00		

销售方	名　称：中国电信股份有限公司合肥分公司	备注	（发票专用章） 中国电信股份有限公司合肥分公司 91340100756813650M
	纳税人识别号：82431876151900609435		
	地址、电话：安徽合肥市包河区徽州大道1053号 0551-63085419		
	开户行及账号：中国银行合肥滨湖支行 82431876151900609435		

收款人：　　　复核：　　　开票人：余秀琴　　　销售方：章

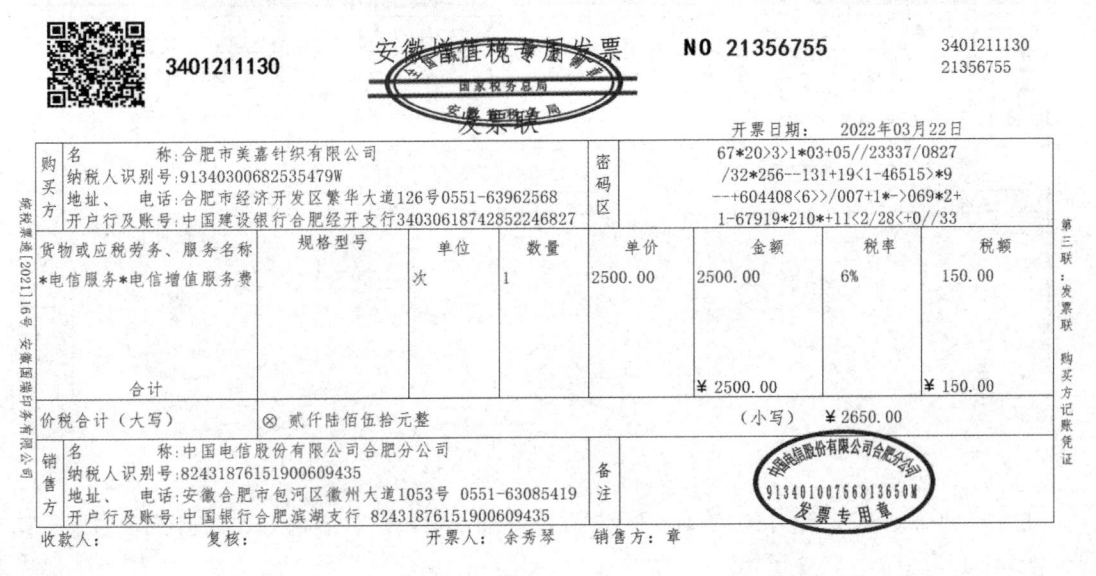

图 4-1-41-1

3401211130　　安徽增值税专用发票　　NO 21356754　　3401211130 21356754

发票联

开票日期：　2022年03月22日

购买方	名　　　称：合肥市美嘉针织有限公司 纳税人识别号：91340300682535479W 地址、　电话：合肥市经济开发区繁华大道126号0551-63962568 开户行及账号：中国建设银行合肥经开支行34030618742852246827			密码区	67*20>3>1*03+05//23337/0827 /32*226--131+19<1-46515>*9 --+604408<6>>/007+1*->069*2+ 1-67949*210*+11<2/18<+0//33		
货物或应税劳务、服务名称	规格型号	单位	数量	单价	金额	税率	税额
*电信服务*电信基础服务费		次	1	2250.00	2250.00	9%	202.50
合计					¥ 2250.00		¥ 202.50
价税合计（大写）	⊗ 贰仟肆佰伍拾贰元伍角整				（小写）　¥ 2452.50		
销售方	名　　　称：中国电信股份有限公司合肥分公司 纳税人识别号：82431876151900609435 地址、　电话：安徽合肥市包河区徽州大道1053号　0551-63085419 开户行及账号：中国银行合肥滨湖支行　82431876151900609435			备注	91340100756813650M 发票专用章		

收款人：　　复核：　　开票人：余秀琴　　销售方：章

皖税票通[2021]16号　安徽国福印务有限公司

第三联：发票联　购买方记账凭证

图 4-1-41-2

托收凭证(付款凭证)　　3

委托日期：2022年03月22日

业务类型	委托收款（☐邮划、☑电划）			托收承付（☐邮划、☐电划）		
付款人	全称	合肥市美嘉针织有限公司	收款人	全称	中国电信股份有限公司合肥分公司	
	账号	34011000898765622599		账号	82431876151900609435	
	地址	安徽省合肥市县　开户行：建设银行合肥明珠广场支行		地址	安徽省合肥市县　开户行：中国银行合肥滨湖支行	
金额	人民币（大写）	伍仟壹佰零贰元伍角		千百十万千百十元角分	¥ 5 1 0 2 5 0	
款项内容	电话费及网络服务费	托收凭据名称	202203221001001	附寄单证张数	2	
商品发运情况		合同名称号码	202203221001001			
备注： 复核　记账		款项收妥日期 2022年03月22日		收款人开户银行签章 2022年03月22日		

此联付款人开户银行作付款凭证

图 4-1-41-3

【经济业务 4-42】22 日，管理部门支付设备维修费，付款申请书、增值税专用发票如图 4-1-42-1 和图 4-1-42-2 所示。

付款申请书

2022年3月22日

用途及情况	金额										收款单位（人）	合肥日新机电有限公司
支付设备维修费	亿	千	百	十	万	千	百	十	元	角	分	账号：44745825030056792613
					¥	9	0	4	0	0	0	开户行：中国建设银行合肥翡翠路支行
金额（大写）	人民币 玖仟零肆拾元整											结算方式：转账
总经理：王明睿	财务部门		经理	朱家瑶			业务部门		经理		贺志龙	
			会计	向海阳					经办人		欧德全	

图 4-1-42-1

安徽增值税专用发票

发票号码：3401211130 NO 210345322

开票日期：2022年03月22日

购买方	名称：合肥市美嘉针织有限公司 纳税人识别号：91340300682535479W 地址、电话：合肥市经济开发区繁华大道126号 0551-63962568 开户行及账号：中国建设银行合肥经开支行 34030618742852246827	密码区	67*20>3>1*03+05//26337/0927 /32*226--131+19<1-46515>*9 ---+604408<6>/007+1*->029*2+ 1-67949*210*+11<2/18<+0//33

货物或应税劳务、服务名称	规格型号	单位	数量	单价	金额	税率	税额
*劳务*修理修配劳务		次	1	8000.00	8000.00	13%	1040.00
合计					¥ 8000.00		¥ 1040.00
价税合计（大写）	⊗ 玖仟零肆拾元整				（小写） ¥9040.00		

销售方	名称：合肥日新机电有限公司 纳税人识别号：91345623765906T324 地址、电话：安徽合肥市肥西县桃花工业园B6栋 0551-65430895 开户行及账号：建行合肥翡翠路支行 44745825030056792613	备注	

收款人：　　　复核：　　　开票人：张丽萍　　　销售方：章

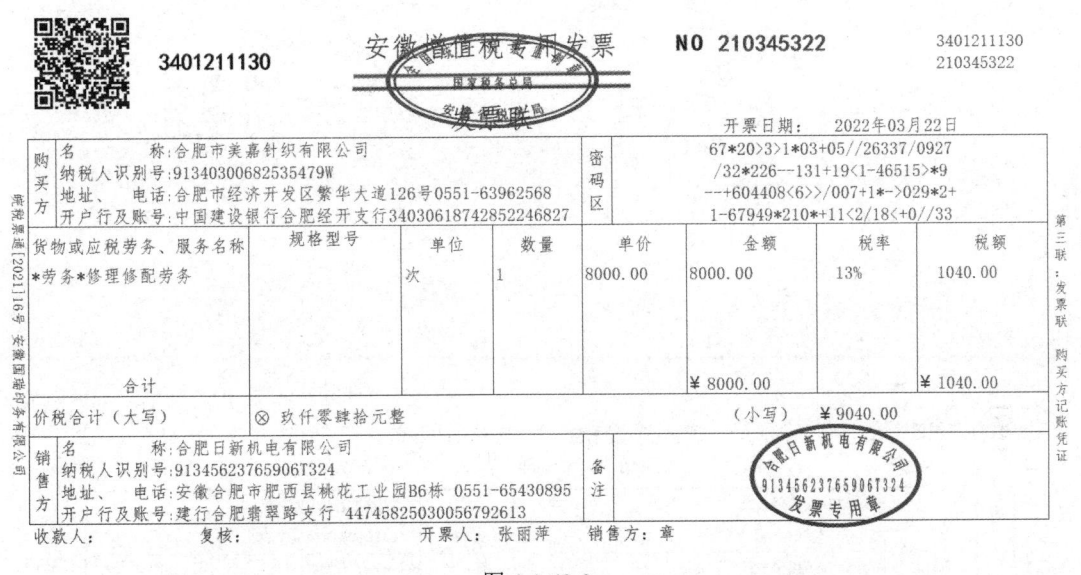

图 4-1-42-2

【经济业务 4-43】 22 日，公司将南京市蒙利乳业股份有限公司 25%的股权的 10%出售给安徽新特纺织有限公司，出售后公司对南京市蒙利乳业股份有限公司仍有重大影响，出售时公司账面上对蒙利乳业长期股权投资的构成为：投资成本 45 万元，损益调整 5 万元，其他综合收益 10 万元；取得交易价款 30 万元存入银行。股权转让协议、银行电子回单如图 4-1-43-1 和图 4-1-43-2 所示。

股权转让协议

转让方：合肥市美嘉针织有限公司
受让方：安徽新特纺织有限公司

一、根据《中华人民共和国公司法》第七十二条的规定，并经公司股东会会议决议，股东合肥市美嘉针织有限公司同意将其在南京市蒙利乳业股份有限公司 10%的股权以人民币￥300000.00 元 转让给受让方 安徽新特纺织有限公司。

二、依照本协议转让的股权于 2022 年 03 月 22 日 实施，即受让方开出转账支票将股权收购款支付给转让方。

三、转让方自本协议规定的股权转让之日起，不再享受任何股东权利，同时也不对江淮公司承担任何责任。

四、受让方自本协议规定的股权转让之日起，应当依法以其受让的股权为限，享受股东权利，同时也承担股东责任。

五、如有一方违反本协议的，应协商解决：协商不成时，另一方有权向有管辖权的人民法院依法起诉。

六、本协议经双方当事人签名、盖章后生效。

转让方（签字、盖章）：　　　　　　受让方（签字、盖章）：

法定代表人：　　　　　　　　　　　法定代表人：

本协议签订日期：2022 年 3 月 22 日

图 4-1-43-1

中国建设银行客户专用回单

币别：人民币　　　2022 年 03 月 22 日　　　流水号：818422357736

		付款人			收款人
全称	安徽新特纺织有限公司		全称	合肥市美嘉针织有限公司	
账号	87431156094356673277		账号	34011000898765622599	
开户行	中国银行合肥高新支行		开户行	建行明珠广场支行	

金额：（大写）叁拾万元整　　　（小写）¥300000.00

凭证种类：　　　凭证号码：

结算方式：转账　　　用途：股权转让款

打印时间：20220322　　　交易柜员：EBB001　　　易机构：01012000344

图 4-1-43-2

【经济业务 4-44】22 日，结转出售股权其他综合收益。

【经济业务 4-45】23 日，公益性捐赠，银行转账支票存根、银行进账单（回单）、捐赠收据如图 4-1-45-1 至图 4-1-45-3 所示。

图 4-1-45-1

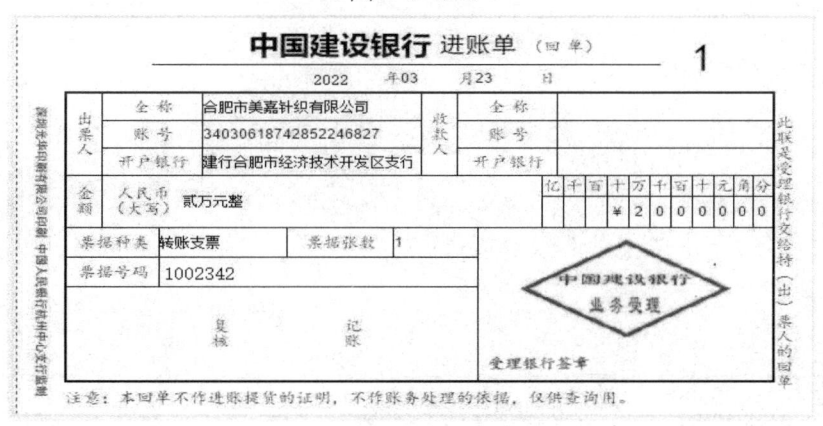

图 4-1-45-2

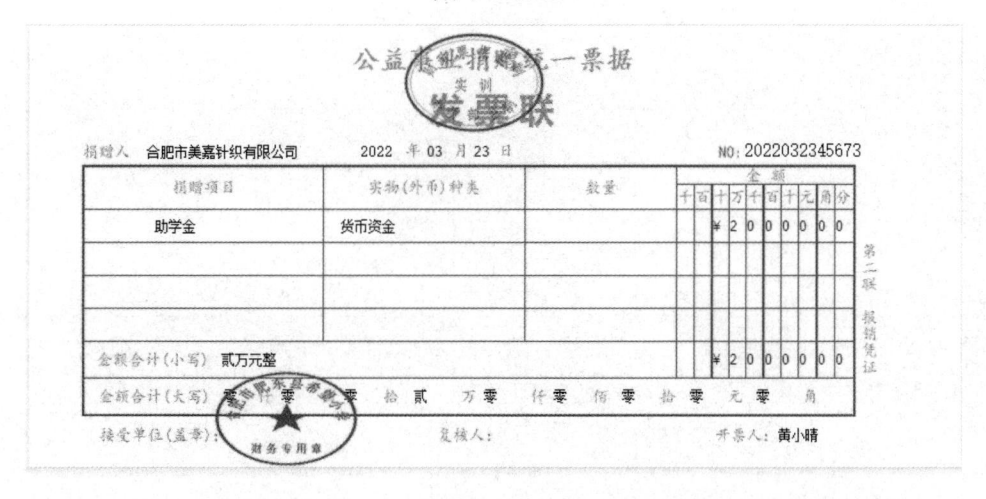

图 4-1-45-3

【经济业务 4-46】25 日，赊销，购销合同、增值税专用发票、销售通知单如图 4-1-46-1 至图 4-1-46-3 所示。

109

购销合同

供货单位（甲方）：合肥市美嘉针织有限公司
购货单位（乙方）：合肥五彩针织布艺有限公司

根据《中华人民共和国合同法》及国家相关法律、法规之规定，甲乙双方本着平等互利的原则，就乙方购买甲方产品一事达成如下协议。

一、产品名称、数量、价格

1、产品名称：A类棉混纺针织布；B类棉混纺针织布；A类尼龙混纺弹力针织布；B类尼龙混纺弹力针织布

2、产品数量：505；650；500；616

3、产品价格：

单价：499；529；999；899

货款总额：1863515.77元（大写人民币：壹佰捌拾陆万叁仟伍佰壹拾伍元柒角柒分）

二、货款结算

1、付款方式：发货后25天内支付货款

2、甲方开户行：中国建设银行合肥市经济技术开发区支行　账号：34030618742852246827

3、乙方须一次性向甲方付清货款。货款到达甲方账户后，甲方于两个工作日内发出货物及发票

三、违约责任

甲乙双方任何一方违约，违约方应照国家有关法律、法规规定向守约方支付违约金。守约方由此引起的经济损失，有权向违约方进行追索。

本合同自双方签字、盖章之日起生效。本合同壹式贰份，甲乙双方各执壹份。

甲方（签章）：合肥市美嘉针织有限公司　　　乙方（签章）：合肥五彩针织布艺有限公司
代表：王明睿　　　　　　　　　　　　　　　代表：邓伟丰
地址：合肥市经济开发区繁华大道126号　　　　地址：合肥市经济开发区繁华大道19号
电话：0551-63962568　　　　　　　　　　　电话：0551-63786628
2022年3月25日　　　　　　　　　　　　　　2022年3月25日

图 4-1-46-1

安徽增值税专用发票

NO 03256680

3401211130
032566809

开票日期：2022年03月25日

购买方	名称：合肥五彩针织布艺有限公司 纳税人识别号：913442219346031589 地址、电话：合肥省合肥市经开区繁华大道19号 0551-63786628 开户行及账号：徽商银行合肥经开支行 62045036475379067802	密码区	1*32>4>6*33+55//24457/0827 /67*206--6660+89<0-4272>*0 --+18177<4>>/382+1*->059*2+ 1-71805*280*+62<0/28<+1//-2

货物或应税劳务、服务名称	规格型号	单位	数量	单价	金额	税率	税额
*A类棉混纺针织布		米	505	499.00	251995.00	13%	32759.35
*B类棉混纺针织布		米	650	529.00	343850.00	13%	44700.50
*A类尼龙混纺弹力针织布		米	500	999.00	499500.00	13%	64935.00
*B类尼龙混纺弹力针织布		米	616	899.00	553784.00	13%	71991.92
合计					¥ 1649129.00		¥ 214386.77

价税合计（大写）	⊗ 壹佰捌拾陆万叁仟伍佰壹拾伍元柒角柒分	（小写）¥ 1863515.77

销售方	名称：合肥市美嘉针织有限公司 纳税人识别号：91340300682535479W 地址、电话：合肥市经济开发区繁华大道126号 0551-63962568 开户行及账号：中国建设银行合肥经开支行 34030618742852246827	备注	

收款人：　　复核：　　开票人：程林　　销售方：章

图 4-1-46-2

【经济业务4-47】28日，报销办公用品，费用报销审批单、增值税专用发票如图4-1-47-1和图4-1-47-2所示。

销售通知单

日期：2022年03月25日　　编号：2022032500564

采购单位：合肥五彩针织布艺有限公司

产品名称	型号	单位	数量	单价/元	金额/元（不含税）	税率
A类棉混纺针织布		米	505	499	251995.00	13%
B类棉混纺针织布		米	650	529	343850.00	13%
A类尼龙混纺弹力针织布		米	500	999	499500.00	13%
B类尼龙混纺弹力针织布		米	616	899	553784.00	13%
合计					1649129.00	

产品销售：

合同：☑ 有　□ 无

客户开票信息：（□ 普通发票　☑ 专用发票）
单位名称：合肥五彩针织布艺有限公司
税号：91442219346031589F
开户银行及账号：徽商银行合肥经开支行 62045036475379067802
地址及电话：安徽省合肥市经开区繁华大道19号 0551-86376628

备注：（请填写开票要求）商品内容请填写：按通知单开

| 销售助理/销售经理 | 梁天红 | 部门经理 | 梁天红 | 分管总经理 | 王明香 | 总经理 | 王明香 |

图 4-1-46-3

费用报销审批单

部门：总经办　　2022 年 03 月 28 日

经手人	黄永德	事由	采购办公用品		
项目		金额/元		付款方式	备注
办公用品		3390.00		现金付讫	
合计		3390.00			

公司领导审批意见	财务主管	部门领导	出纳	经手人
王明香	朱家瑶	程林	向海阳	黄永德

图 4-1-47-1

安徽增值税专用发票

3401211130　　NO 210345334　　3401211130　210345334

开票日期：2022年03月28日

密码区：67*10>3)1*03+05//26337/0927/32*226--131+19<1-46515)*9---604418<6>>/087+1*->019*2+1-67849*210*+10<2/18<+0//33

购买方：
名称：合肥市美嘉针织有限公司
纳税人识别号：913403006825354579W
地址、电话：合肥市经济开发区繁华大道126号0551-63962568
开户行及账号：中国建设银行合肥经开支行34030618742852246827

货物或应税劳务、服务名称	规格型号	单位	数量	单价	金额	税率	税额
*纸制品*A4		箱	20	95.00	1900.00	13%	247.00
*纸制品*文件夹		个	300	2.00	600.00	13%	78.00
*文具*记号笔		盒	25	20.00	500.00	13%	65.00
合计					￥3000.00		￥390.00

价税合计（大写）：⊗ 叁仟叁佰玖拾元整　　（小写）￥3390.00

销售方：
名称：合肥欣荣办公用品有限公司
纳税人识别号：91449090737255564W
地址、电话：安徽省合肥市经开区紫云路1179号 0551-68321957
开户行及账号：中国建行合肥经开支行 6282435618380090672 4

收款人：　　复核：　　开票人：王振宇　　销售方：章

图 4-1-47-2

【经济业务 4-48】31 日，摊销本月无形资产，无形资产摊销表如图 4-1-48-1 所示。

无形资产摊销表
2022 年 3 月 31 日　　　　　　　　　　　　　　　　　　金额单位：元

项目	取得日期	原值	摊销年限/年	月摊销额	备注
土地使用权	2016/10/7	2100000	30	5833.33	管理部门
商标权	2016/10/7	500000	10	4166.67	管理部门
专利权	2018/11/1	350000	10	2916.67	管理部门
合计		2950000		12916.67	

审核：程林　　　　　　　　　　　　　　　　　　　　　　制表：向海洋

图 4-1-48-1

【经济业务 4-49】31 日，计提本月借款利息（2021 年 10 月从建行合肥明珠广场支行借入短期借款 1000000 元用于新建厂房，年利率 12%，每季度付息一次，该借款从 3 月起符合资本化支出）。

【经济业务 4-50】31 日，支付一季度借款利息，借款合同、托收凭证（付款通知）、银行借款利息计算单如图 4-1-50-1 至图 4-1-50-3 所示。

借款合同

借款方：合肥市美嘉针织有限公司

法定代表人：王明睿

地址：合肥市逊济开发区繁华大道126号

电话：0551-63962568

贷款方：中国建设银行合肥市明珠广场支行

法定代表人：王朝辉

地址：合肥市经开区繁华大道223号

电话：0551-86532766

根据国家法律规定，借款方为进行基本建设所需款项，经贷款方审查发放。为明确双方责任，恪守信用，特签订本合同，共同遵守。

第一条、借款用途：用于建造合肥市经开区繁华大道126号园区内3#厂房。

第二条、借款金额：借款方向贷款方借款：人民币壹佰万元整（￥1000000.00）。

第三条、借款利息率为年利率12%。月利息额：人民币壹万元整（￥10000.00）。

第四条、付息方式：按季付息，于每季末支付利息。

第五条、如有争议按照法律程序进行诉讼。

借款方（签章）：合肥市美嘉针织有限公司　　　　贷款方（签章）：中国建设银行合肥市明珠广场支行

代表：王明睿　　　　　　　　　　　　　　　　　代表：王朝辉

2022年3月31日　　　　　　　　　　　　　　　　2022年3月31日

图 4-1-50-1

托收凭证(付款通知) 5

委托日期：2022 年 03 月 31 日

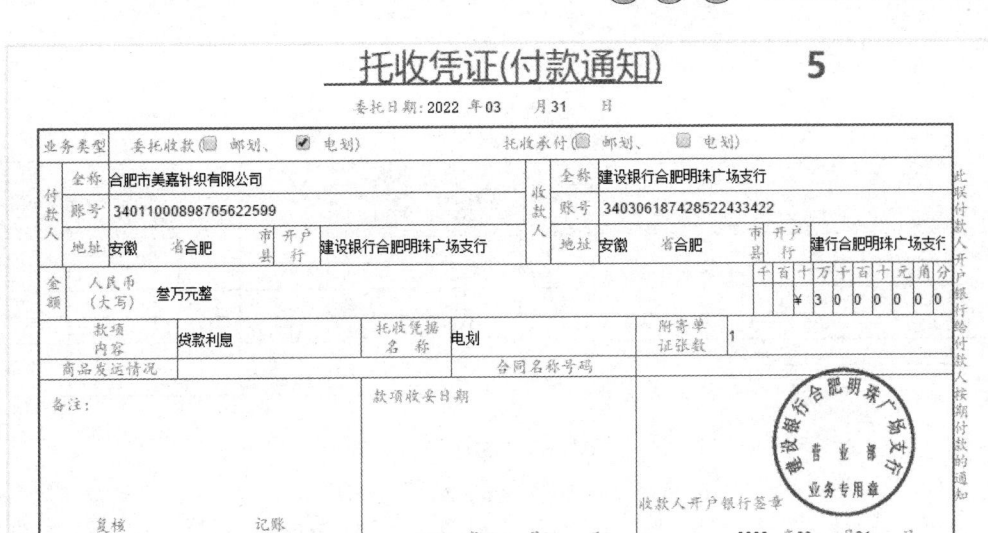

（托收凭证内容）

图 4-1-50-2

银行借款利息计算单

2022 年 03 月 31 日　单位：元

借款种类	借款金额	年贷款利率	月利息额	备注
长期借款	1000000.00	12%	10000.00	
合计			30000.00	

编制：林晓萍　　审核：章丽丽

图 4-1-50-3

【经济业务 4-51】31 日，编制个人所得税计算表并计提个人所得税，个人所得税计算表如图 4-1-51-1 所示。

个人所得税计算表

2022 年 03 月 31 日　　　　　　　　　　　　　　　　　金额单位：元

姓名	应付工资	三险一金	本月应纳税所得额	1-2月应纳税所得额	累计应纳税额	累计已缴税额	应补/退税额
王明睿	18000	2667		20252.68		607.58	
朱家瑶	16000	2001		17638.04		529.14	
李乐琪	15000	2001		15678.04		470.34	
陈妮	13500	1668		13390.72		401.72	
梁天红	11500	1335		10123.4		303.7	
贺志龙	10000	1557		6748.28		202.45	
黄国荣	8800	1224		5048.96		151.47	
岳文	8760	1224		4970.56		149.12	
张清	6998	1224		1517.04		45.51	
……	……	……	……	……		4591.27	2057.36
合计						7452.3	

审核：朱家瑶　　　　　　　　　　　　　　　　　　　　　　制单：程林

图 4-1-51-1

【经济业务 4-52】31 日，分配本月职工薪酬，研发部门人员薪酬符合资本化支出条件。职工薪酬汇总表、职工薪酬分配表（分配率保留 4 位小数，分配金额保留 2 位小数，尾差计入 B 类尼龙混纺弹力针织布）如图 4-1-52-1 和图 4-1-52-2 所示。

职工薪酬汇总表

日   金额单位：元

部门		应付工资	四险一金基数	短期薪酬				离职后福利		合计
				医疗保险 10.80%	工伤保险 0.20%	住房公积金 12.00%	工会经费 2.00%	养老保险 16.00%	失业保险 0.80%	
生产车间	生产工人	466558.82	355600	38404.8	711.2	42672	9331.18	56896	2844.8	617418.8
	管理人员	36570.59	33000	3564	66	3960	731.41	5280	264	50436
管理部门		95875.29	93000	10044	186	11160	1917.51	14880	744	134806.8
研发部门		61085.29	52200	5637.6	104.4	6264	1221.71	8352	417.6	83082.6
销售部门		63405.88	58000	6264	116	6960	1268.12	9280	464	87758
合计		723495.87	591800	63914.4	1183.6	71016	14469.93	94688	4734.4	973502.2

审核：程林   制单：林子洋

图 4-1-52-1

职工薪酬分配表

2022 年 03 月 31 日   金额单位：元

受益对象		分配标准/工时	分配率	分配金额
生产车间	A 类棉混纺针织布	3800		
	B 类棉混纺针织布	4950		
	A 类尼龙混纺弹力针织布	5250		
	B 类尼龙混纺弹力针织布	5400		
	小计	19400		
车间管理人员				
管理部门				
研发部门				
销售部门				
合计				

审核：程林   制单：林子洋

图 4-1-52-2

【经济业务 4-53】31 日，分配本月职工教育经费，研发部门人员薪酬不符合资本化支出条件。职工教育经费分配表如图 4-1-53-1 所示。

职工教育经费分配表

2022 年 03 月 31 日   金额单位：元

部门	本月发生教育经费支出
车间管理人员	480.00
管理部门	1200.00
研发部门	720.00
销售部门	800.00
合计	3200.00

审核：程林   制单：林子洋

图 4-1-53-1

【经济业务 4-54】31 日，支付并分配本月水费，增值税专用发票、外购水费分配表、委托收款凭证（付款通知）如图 4-1-54-1 至图 4-1-54-3 所示。

项目四 企业经济业务会计处理

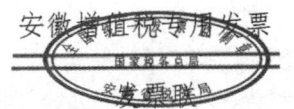

安徽增值税专用发票

3401211130　　　　　　　　　　　　NO 210345453　　　　3401211130
　　　　　　　　　　　　　　　　　　　　　　　　　　　210345453

开票日期：2022年03月31日

购买方	名　称：合肥市美嘉针织有限公司					密码区	67*10>3>1*03+00//26337/0927 /32*226--131+99<1-46515>*9 --+604418<0>>/087+1*->019*2+ 1-67849*210*+10<2/18<+0//33
	纳税人识别号：91340300682535479W						
	地址、电话：合肥市经济开发区繁华大道126号 0551-63962568						
	开户行及账号：中国建设银行合肥经开支行 34030618742852246827						

货物或应税劳务、服务名称	规格型号	单位	数量	单价	金额	税率	税额
*水冰雪*水费		吨	493	4.20	2070.60	9%	186.35
合计					￥2070.60		￥186.35

价税合计（大写）	⊗ 贰仟贰佰伍拾陆元玖角伍分	（小写） ￥2256.95

销售方	名　称：合肥市自来水公司	备注	合肥市自来水公司 91343006503516973A 发票专用章
	纳税人识别号：91343006503516973A		
	地址、电话：合肥经开区丹凤路1022号水务大厦 0551-69566629		
	开户行及账号：工商银行合肥经开支行 62080321413400881100		

收款人：　　复核：　　开票人：梁伟强　　销售方：章

图 4-1-54-1

外购水费分配表

2022年03月31日　　　　　　　金额单位：元

受益对象	耗用量/吨	分配率	分配金额
生产车间	350		
管理部门	103		
研发部门	20		
销售部门	20		
合计	493		

审核：程林　　　　　　　　　　制单：林子洋

图 4-1-54-2

同城　委托收款凭证（付款通知）　5　第03316号

委托日期 2022年03月31日　　委托号码：202203316

付款期限 2022年03月31日

付款人	全称	合肥市美嘉针织有限公司	收款人	全称	安徽电力集团合肥分公司		
	账号或地址	34030618742852246827		账号	22080620891513496543		
	开户银行	建行合肥市经济技术开发区支行		开户银行	中国银行合肥黄山路支行	行号	08915

委托金额	人民币（大写）	贰仟贰佰伍拾陆元玖角伍分	千 百 十 万 千 百 十 元 角 分
			＊ 2 2 5 6 9 5

款项内容	支付水费	委托收款凭据名称	202203316	附寄单证张数	1

备注：　付款人注意：
　　　1. 应于见票的当日通知开户银行划款。
　　　2. 如需拒付，应在规定期限内，将拒付理由书
　　　　面附情况证明送交开户银行。

单位主管　　会计　　复核　　记账　　付款人开户银行收到日期 2022年03月31日　支付日期 2022年03月31日

图 4-1-54-3

【经济业务4-55】31日，支付并分配本月电费，增值税专用发票、外购电费分配表、委托收款凭证（付款通知）如图4-1-55-1至图4-1-55-3所示。

115

安徽增值税专用发票

NO 210345535

3401211130
210345535

开票日期：2022年03月31日

购买方	名称：合肥市美嘉针织有限公司						
	纳税人识别号：91340300682535479W						
	地址、电话：合肥市经济开发区繁华大道126号 0551-63962568						
	开户行及账号：中国建设银行合肥经开支行 34030618742852246827						

密码区：67*10>3>1*03+00//26337/0927
/12*206---131+99<1-46515>*9
--+64418<0>>/087+1*-019*+1
-1-67849*210*+10<2/18<+0//33

货物或应税劳务、服务名称	规格型号	单位	数量	单价	金额	税率	税额
*供电*电费		千瓦时	33900	0.80	27120.00	13%	3525.60
合计					¥27120.00		¥3525.60

价税合计（大写）：⊗ 叁万零陆佰肆拾伍元陆角整　　（小写）¥30645.60

销售方	名称：安徽电力集团合肥分公司
	纳税人识别号：91340300369175410T
	地址、电话：合肥包河区黄山路302号电力大厦 0551-66557822
	开户行及账号：中国银行合肥黄山路支行 62080620891513496543

收款人：　　复核：　　开票人：叶小丽　　销售方：章

图 4-1-55-1

外购电费分配表

2022年03月31日　　　　金额单位：元

受益对象	耗用量/千瓦时	分配率	分配金额
生产车间	30095		
管理部门	2905		
研发部门	400		
销售部门	500		
合计	33900		

审核：程林　　制单：林子洋

图 4-1-55-2

同城 委托收款凭证（付款通知） 5 第03318号

委托日期 2022年03月31日　　委托号码 2022033118

付款期限 2022年03月31日

付款人	全称	合肥市美嘉针织有限公司	收款人	全称	安徽电力集团合肥分公司			
	账号或地址	34030618742852246827		账号	22080620891513496543			
	开户银行	建行合肥市经济技术开发区支行		开户银行	中国银行合肥黄山路支行	行号	08915	

委收金额	人民币（大写）	叁万零陆佰肆拾伍元陆角	千	百	十	万	千	百	十	元	角	分
					¥	3	0	6	4	5	6	0

款项内容	支付电费	委托收款凭据名称	2022033118	附寄单证张数	1

备注：

付款人开户银行收到日期 2022年03月31日　支付日期 2022年03月31日

单位主管　　合计　　复核　　记账

图 4-1-55-3

【经济业务 4-56】31 日，计提折旧（研发部门折旧符合资本化支出），固定资产折旧计算表如图 4-1-56-1 所示。

固定资产折旧计算表

2022 年 03 月 31 日　　　　　　　　　　　　　　　　　　　　　　　　金额单位：元

固定资产类别		使用日期	折旧年限	原值	固定资产月折旧率	本月应提折旧额
生产车间	厂房	2017 年 10 月	20	1600000	0.40%	
	生产设备	2017 年 10 月	10	1064000	0.80%	
	小计			2664000		
管理部门	房屋	2017 年 10 月	20	800000	0.40%	
	房屋（闲置）	2020 年 12 月	20	600000	0.40%	
	运输设备	2017 年 12 月	4	256600	2.00%	
	管理设备	2017 年 10 月	5	58000	1.60%	
	小计			1714600		
研发部门	管理设备	2017 年 10 月	5	65000	1.60%	
	小计			65000		
销售部门	管理设备	2017 年 10 月	5	25000	1.60%	
	小计			25000		
合计				4468600		

审核：程林　　　　　　　　　　　　　　　　　　　　　　　　制单：林子洋

图 4-1-56-1

【经济业务 4-57】31 日，闲置办公楼转出租，该办公楼的公允价值为 650000 元。临时股东会决议、固定资产折旧明细表如图 4-1-57-1 和图 4-1-57-2 所示。

临时股东会决议

时间：2022年3月31日

应到会股东人数：2　实际副会股东人数：2

经全体股东审议，一致通过如下决议：

将公司2019年购入的闲置办公楼用于出租，采用公允价值进行后续计量。

股东签名：王明睿

2022年3月31日

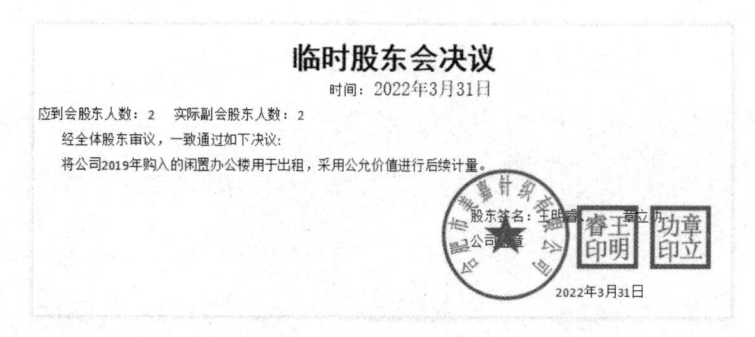

图 4-1-57-1

固定资产折旧明细表

2021 年 3 月 31 日　　　　　　　　　　　　　　　　　　　　　　　　金额单位：元

资产名称	使用日期	年限	净残值率	单价	数量/栋	原值	年折旧率	期末净值	月折旧额	累计折旧
房屋（闲置）	2019/12/5	20	4%	600000.00	1	600000.00	4.80%	564000.00	2400.00	36000.00

审核：程林　　　　　　　　　　　　　　　　　　　　　　　　制单：林子洋

图 4-1-57-2

【经济业务 4-58】31 日，结转本月领用材料成本（研发部门领用材料符合资本化），发出材料汇总表、生产车间材料费用分配表如图 4-1-58-1 和图 4-1-58-2 所示。

发出材料汇总表
2022年03月31日

金额单位：元

材料编码	原材料	单位	单价	A类棉混纺针织布 数量	A类棉混纺针织布 金额	B类棉混纺针织布 数量	B类棉混纺针织布 金额	A类尼龙混纺弹力针织布 数量	A类尼龙混纺弹力针织布 金额	B类尼龙混纺弹力针织布 数量	B类尼龙混纺弹力针织布 金额	产品共同耗用 数量	产品共同耗用 金额	研发部 数量	研发部 金额	合计 数量	合计 金额
101	锦纶高弹丝40D	米	18.21									25551	465283.71	50	910.5	25601	466194.21
102	锦纶高弹丝70D	米	23.2									30400	705280	20	464	30420	705744.00
103	锦纶光丝40D	米	5.24									8909	46683.16			8909	46683.16
104	锦纶光丝70D	米	0.3	2004	601.20	2004	601.20	1600	480	1600	480					7208	2162.40
105	涤纶丝50D	米	0.5	1002	501.00	1002	501.00	1600	800	1600	800					5204	2602.00
106	涤纶丝68D	米	3.6	501	1803.60	501	1803.60	400	1440	400	1440					1802	6487.20
107	氨纶丝30D	米	5.2	501	2605.20	501	2605.20	400	2080	400	2080					1802	9370.40
108	氨纶丝40D	米	2.12	2004	4248.48	2004	4248.48	1600	3392	1600	3392					7208	15280.96
109	氨纶丝70D	米	5.3		0.00	1002	5310.60	800	4240	800	4240					2602	13790.60
110	棉纱CF40	米	1.64	1302.6	2136.26	2605.2	4272.53	1200	1968	1200	1968					6307.8	10344.79
	合计				11895.74		19342.61		14400		14400		1217246.87		1374.5		1278659.72

审核：程林　　　　　　　　　　　　　　　　　　　　　　　　　　　　　　　　　　　　　制单：林子洋

图 4-1-58-1

生产车间材料费用分配表

数量单位：米　　　　　　　　　　2022年3月31日　　　　　　　　　　金额单位：元

领用对象	本期投产量	锦纶高弹丝40D 单位消耗定额	锦纶高弹丝40D 分配率（元/米）	锦纶高弹丝40D 分配额	锦纶高弹丝70D 单位消耗定额	锦纶高弹丝70D 分配率（元/米）	锦纶高弹丝70D 分配额	锦纶光丝40D 单位消耗定额	锦纶光丝40D 分配率（元/米）	锦纶光丝40D 分配额	直接计入	材料费用合计
A类棉面混纺针织布	1002	12米	18.21	218957.04				2米	5.24	10500.96	11895.74	241353.74
B类棉面混纺针织布	1002	13.5米	18.21	246326.67				2.5米	5.24	13126.20	19342.61	278795.48
A类尼龙混纺弹力针织布	800				20米	23.2	371200.00	3米	5.24	12576.00	14400.00	398176.00
B类尼龙混纺弹力针织布	800				18米	23.2	334080.00	2.5米	5.24	10480.00	14400.00	358960.00
合计	3604			465283.71			705280			60038.35		1277285.22

审核：程林　　　　　　　　　　　　　　　　　　　　　　　　　　　　　　　　　　　　　制表：林子洋

图 4-1-58-2

【经济业务4-59】31日，分配本月制造费用，制造费用分配表如图4-1-59-1所示。

制造费用分配表
2022年03月31日

金额单位：元

	受益对象	分配标准/工时	分配率	分配金额
生产车间	A类棉混纺针织布	3800	4.90	18620.00
	B类棉混纺针织布	4950	4.90	24255.00
	A类尼龙混纺弹力针织布	5250	4.90	25725.00
	B类尼龙混纺弹力针织布	5400	4.90	26460.00
	小计	19400		95060.00

审核：程林　　　　　　　　　　　　　　　　　　　　　　　　　　　　　　　　　　　　　制单：林子洋

图 4-1-59-1

【经济业务4-60】31日，结转完工产品成本，入库单（3张）、产品成本计算单如图4-1-60-1至图4-1-60-4所示。（提示："单位成本"保留4位小数，"单位成本合计"保留2位小数，尾差计入期末在产品成本）

入库单　　No2203311004

送货厂商：生产车间
物料类别：□原材料　☑成品　□其他　　2022年03月31日

品名/牌号	订单号	规格	数量	单位	单价	金额
A类棉混纺针织布		zb101	400	米		
B类棉混纺针织布		zb102	500	米		
A类尼龙混纺弹力针		zb103	300	米		
B类尼龙混纺弹力针		zb104	300	米		

主管：黄国荣　　品管：林子洋　　仓库：何志其　　送货人：于乐

第二联交财务部

图 4-1-60-1

入库单　　No2203311005

送货厂商：生产车间
物料类别：□原材料　☑成品　□其他　　2022年03月31日

品名/牌号	订单号	规格	数量	单位	单价	金额
A类棉混纺针织布		zb101	400	米		
B类棉混纺针织布		zb102	400	米		
A类尼龙混纺弹力针		zb103	450	米		
B类尼龙混纺弹力针		zb104	450	米		

主管：黄国荣　　品管：林子洋　　仓库：何志其　　送货人：于乐

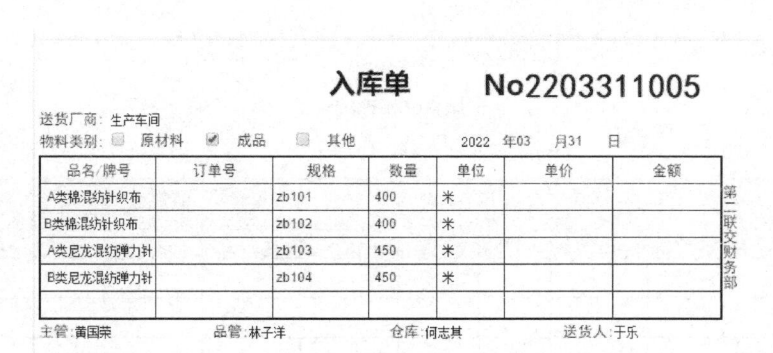

第二联交财务部

图 4-1-60-2

入库单　　No2203311006

送货厂商：生产车间
物料类别：□原材料　☑成品　□其他　　2022年03月31日

品名/牌号	订单号	规格	数量	单位	单价	金额
A类棉混纺针织布		zb101	150	米		
B类棉混纺针织布		zb102	200	米		
A类尼龙混纺弹力针		zb103	150	米		
B类尼龙混纺弹力针		zb104	150	米		

主管：黄国荣　　品管：林子洋　　仓库：何志其　　送货人：于乐

第二联交财务部

图 4-1-60-3

产品成本计算单
2022 年 03 月 31 日　　　　金额单位：元

项目		月初在产品成本	本月发生费用	生产费用合计	产量/米			单位成本	完工产品总成本	期末在产品成本
					完工产品产量	期末在产品约当产量	合计			
A类棉混纺针织布	直接材料	47642				250				
	直接人工	8128.25				149				
	制造费用	2111.5				149				
	小计	57881.75								
B类棉混纺针织布	直接材料	69450				200				
	直接人工	14280				133				
	制造费用	3504				133				
	小计	87234								
A类尼龙混纺弹力针织布	直接材料	68298				50				
	直接人工	10417.5				45				
	制造费用	3375				45				
	小计	82090.5								
B类尼龙混纺弹力针织布	直接材料	64920				50				
	直接人工	9870				25				
	制造费用	2797.5				25				
	小计	77587.5								
合计		304793.75								

审核：程林　　　　　　　　　　　　　　　　　　　　　　　　　制单：林子洋

图 4-1-60-4

【经济业务 4-61】31 日，结转本月销售产品成本，销售成本计算表、出库单（3 张）如

图 4-1-61-1 至图 4-1-61-4 所示。(单位成本保留 2 位小数,尾差计入期末存货成本)

销售成本计算表

2022 年 03 月 31 日

金额单位:元
数量单位:米

品名	期初结存		本期完工		本期销售数量	期末结存数量	单位成本(加权)	销售产品成本	期末存货成本
	数量	金额	数量	金额					
A 类棉混纺针织布	970	310400							
B 类棉混纺针织布	900	297000							
A 类尼龙混纺弹力针织布	850	510000							
B 类尼龙混纺弹力针织布	860	479880							
合 计	3580	1597280							

审核:朱家瑶　　　　　　　　　　　　　　　　　　　　　　　　　　　　制单:程林

图 4-1-61-1

出库单　　No 220331012

会计部门编号 220331012
仓库部门编号 ck031001
2022 年03 月31 日

编号	名称	规格	单位	出库数量	单价	金额	备注
zb101	A类棉混纺针织布		米	300			
zb102	B类棉混纺针织布		米	450			
zb103	A类尼龙混纺弹力针织布		米	300			
zb104	B类尼龙混纺弹力针织布		米	300			
合 计							

生产车间或部门:梁天红　　　　　仓库管理员:王莫林

图 4-1-61-2

出库单　　No 220331013

会计部门编号 220331013
仓库部门编号 ck031002
2022 年03 月31 日

编号	名称	规格	单位	出库数量	单价	金额	备注
zb101	A类棉混纺针织布		米	500			
zb102	B类棉混纺针织布		米	500			
zb103	A类尼龙混纺弹力针织布		米	350			
zb104	B类尼龙混纺弹力针织布		米	350			
合 计							

生产车间或部门:梁天红　　　　　仓库管理员:王莫林

图 4-1-61-3

出库单　　No 220331014

会计部门编号 220331014
仓库部门编号 ck031003
2022 年03 月31 日

编号	名称	规格	单位	出库数量	单价	金额	备注
zb101	A类棉混纺针织布		米	505			
zb102	B类棉混纺针织布		米	650			
zb103	A类尼龙混纺弹力针织布		米	500			
zb104	B类尼龙混纺弹力针织布		米	616			
合 计							

生产车间或部门:梁天红　　　　　仓库管理员:王莫林

图 4-1-61-4

【经济业务 4-62】31 日,结转销售发出的包装物成本(未单独计价),产成品出库单(3 张)、发出包装物成本计算表如图 4-1-62-1 至图 4-1-62-4 所示。

产成品出库单

领用单位：南京富莱针织有限公司　　2022 年 03 月 31 日　　　　编号：　03004

产品名称	规格型号	计量单位	出库数量	备注
纸箱	201	个	1377	

主管：　梁天红　　审核：　朱家瑶　　保管：　丁方　　经手人：　林双杰

图 4-1-62-1

产成品出库单

领用单位：合肥市艾拓服饰有限公司　　2022 年 03 月 31 日　　　　编号：　03005

产品名称	规格型号	计量单位	出库数量	备注
纸箱	201	个	1734	

主管：　梁天红　　审核：　朱家瑶　　保管：　丁方　　经手人：　林双杰

图 4-1-62-2

产成品出库单

领用单位：合肥五彩针织有限公司　　2022 年 03 月 31 日　　　　编号：　03006

产品名称	规格型号	计量单位	出库数量	备注
纸箱	201	个	2317	

主管：　梁天红　　审核：　朱家瑶　　保管：　丁方　　经手人：　林双杰

图 4-1-62-3

发出包装物成本计算表
2022年03月31日   金额单位：元

产品编码	原材料	单位	期初余额			本期入库			本期领用			期末余额		
			数量	单价	金额	数量	单价	金额	数量	单价	金额	数量	单价	金额
301	纸袋	个	10000.00	2.00	20000.00				5428	2.00	10856.00	4527	2.00	9144.00

审核：朱家瑶   制单：程林

图 4-1-62-4

【经济业务 4-63】31 日，财产清查，原材料-锦纶高弹丝 70D 盘亏，存货盘点报告如图 4-1-63-1 所示。

存货盘点报告
2022 年 3 月 31 日   金额单位：元

类别	名称	单位	单价	数量		盘盈		盘亏		原因
				账存	实存	数量	金额	数量	金额	
原材料	锦纶高弹丝70D	米	23.2	19580	19520			60	1392.00	
合计										

主管林子洋   盘点人：王莫林   保管员：王吉康

图 4-1-63-1

【经济业务 4-64】31 日，批准原材料-锦纶高弹丝 70D 盘亏处理，材料盘亏（盈）处理通知单如图 4-64-1 所示。

材料盘亏（盈）处理通知单
2022 年 3 月 31 日

公司于2021年3月31日对原材料进行盘点清查，发现原材料-锦纶高弹丝70D盘亏60米，不含税价人民币：壹仟叁佰玖拾贰元整（¥1392.00），经查是由于管理不善造成的。

经公司研究决定该损失由公司承担，计入管理费用进行会计核算。

总经理王明睿   财务主管：朱家瑶   会计：林子洋

图 4-1-64-1

【经济业务 4-65】31 日，计提金融交易增值税。

【经济业务 4-66】31 日，编制未交增值税计算表并进行账务处理。未交增值税计算表如图 4-1-66-1 所示。

未交增值税计算表

2022 年 03 月 31 日　　　　　　　　金额单位：元

项目	进项税额	销项税额	进项税额转出	本月未交增值税
金　额				
合　计				

审核：朱家瑶　　　　　　　　　　　　　　　制单：程林

图 4-1-66-1

【经济业务 4-67】31 日，编制应交城市维护建设税与教育费附加税计算表并进行账务处理，应交城市维护建设税与教育费附加计算表如图 4-1-67-1 所示。

应交城市维护建设税与教育费附加计算表

2022 年 03 月 31 日　　　　　　　　金额单位：元

税种	计税依据	计税金额	税率	应纳税额
城市维护建设税				
教育费附加				
地方教育费附加				
合计				

审核：朱家瑶　　　　　　　　　　　　　　　制单：程林

图 4-1-67-1

【经济业务 4-68】31 日，结转本月研发支出。

二、会计处理要求

录入记账凭证　　登记日记账

1．填制或审核【经济业务 4-1】至【经济业务 4-68】中的原始凭证。

2．根据【经济业务 4-1】至【经济业务 4-68】，在柠檬云财务软件中逐笔录入对应的记账凭证。

【温馨提示】录入凭证时，需注意以下几点。

（1）在项目二中，我们已对一些会计科目现金流辅助核算进行了设置，在录入这些科目发生额时，还要同时录入现金流内容。

（2）凭证有附件时，无须录入附单张数，只要单击附件进行上传，平台会自动生成附单张数；若无附件，则须录入附单据张数"0"。

（3）在录入存货类科目发生额时，要同时录入存货数量。

（4）无须逐张审核录好的凭证，期末结账时可以进行一键审核。

3．根据录入的记账凭证，在柠檬云财务软件中登记现金日记账和银行存款日记账。

任务二　期末经济业务

任务导言

在会计工作实务中，期末时通常需要进行计提所得税、结转损益、核对总账、结账等会计处理工作。

一、结账前业务处理

【工作实例 4-1】计提第一季度企业所得税

(1) 在首页菜单中,单击"期末结转"选项,打开"期末结转"页面,如图 4-2-1 所示。

图 4-2-1

(2) 在"期末处理"选项卡中单击"3 月"按钮,进入期末处理的第 1 步:期末检查,如图 4-2-2 所示。

图 4-2-2

(3) 单击"计提所得税"模块上的"生成凭证"按钮,则系统自动生成计提所得税记账凭证,如图 4-2-3 所示。

(4) 单击"保存"按钮,自动返回上一界面,则看到"计提所得税"模块上显示"查看凭证"按钮,表示此凭证已生成完毕,如图 4-2-4 所示。

期末结转

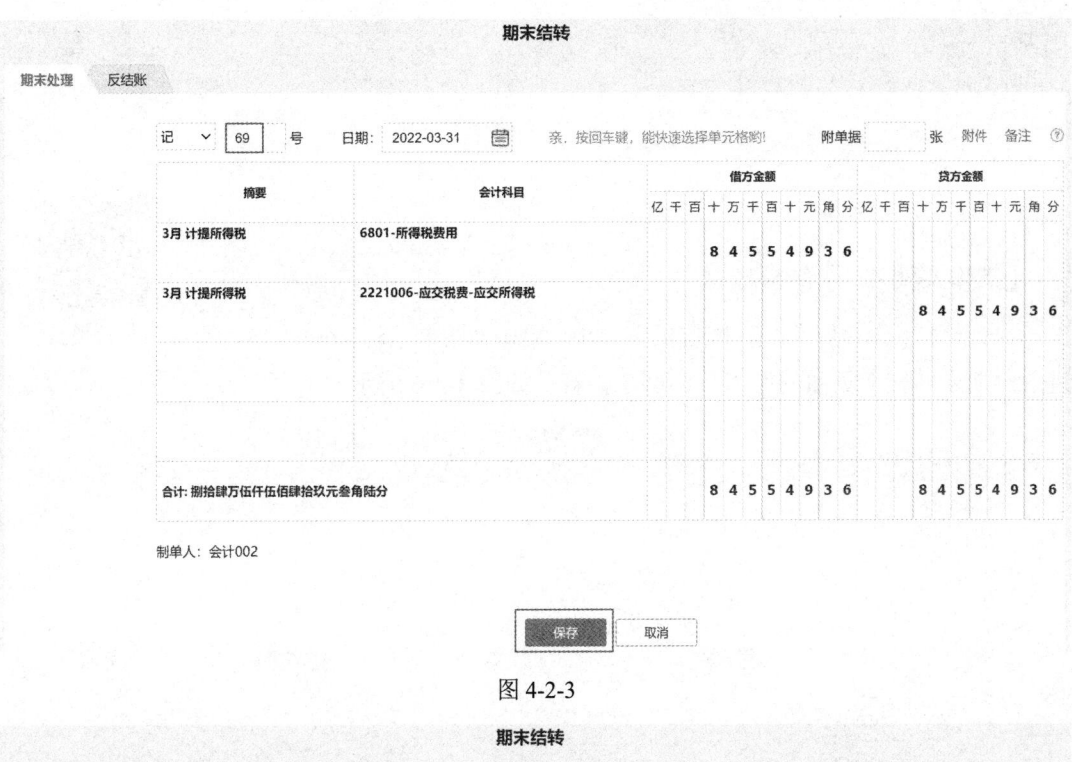

| 期末处理 | 反结账 |

记 ∨ 69 号　日期：2022-03-31　亲，按回车键，能快速选择单元格哟！　附单据 ___ 张　附件　备注

摘要	会计科目	借方金额 亿千百十万千百十元角分	贷方金额 亿千百十万千百十元角分
3月 计提所得税	6801-所得税费用	8 4 5 5 4 9 3 6	
3月 计提所得税	2221006-应交税费-应交所得税		8 4 5 5 4 9 3 6
合计：捌拾肆万伍仟伍佰肆拾玖元叁角陆分		8 4 5 5 4 9 3 6	8 4 5 5 4 9 3 6

制单人：会计002

[保存]　[取消]

图 4-2-3

期末结转

| 期末处理 | 反结账 |

第1步：期末检查　　*请检查是否有需要生成凭证，如无需要，点击下一步即可！　　[自定义结转模版]

结转销售成本	计提职工薪酬	计提折旧	摊销待摊费用
2,606,821.21	976,702.20	22,880.00	0.00
查看凭证	查看凭证	查看凭证	生成凭证

计提税金	结转未交增值税	计提所得税	计提坏账
29,380.55	239,743.57	845,549.36	0.00
查看凭证	查看凭证	查看凭证	生成凭证

结转制造费用	结转完工成本		
0.00	218,021.72		
生成凭证	生成凭证		

[上一步]　[下一步]

图 4-2-4

> 【温馨提示】
> 此时在首页菜单中，依次单击"凭证"→"查看凭证"，则能看到已生成计提所得税的凭证（记69号凭证），如图4-2-5所示。

日期: 2022-3-31	凭证字号: 记-69	附件: 0	
3月 计提所得税	6801 所得税费用	845,549.36	
3月 计提所得税	2221006 应交税费-应交所得税		845,549.36
合计	捌拾肆万伍仟伍佰肆拾玖元叁角陆分	845,549.36	845,549.36

图 4-2-5

【工作实例 4-2】结转损益

（1）同【工作实例 4-1】，在首页菜单中，单击"期末结转"——"3 月"，进入"期末结转"页面的第 1 步：期末检查，如图 4-2-6 所示。

期末结转

第 1 步：期末检查

结转销售成本	计提职工薪酬	计提折旧	摊销待摊费用
2,606,821.21	976,702.20	22,880.00	0.00
计提税金	结转未交增值税	计提所得税	计提坏账
29,380.55	239,743.57	845,549.36	0.00
结转制造费用	结转完工成本		
0.00	218,021.72		

图 4-2-6

（2）单击"下一步"按钮，进入第 2 步：结转损益，显示各损益科目的借贷方发生额，如图 4-2-7 所示。

期末结转

第 2 步：结转损益　　　　　　□ 分开结转损益

记 70 号　日期 2022-03-31

摘要	会计科目	借方金额	贷方金额
3月 结转损益	6001 主营业务收入_11 A类棉混纺针织布		651195.00
3月 结转损益	6001 主营业务收入_12 B类棉混纺针织布		846400.00

图 4-2-7

期末结转

期末处理 | 反结账

第 2 步：结转损益

☐ 分开结转损益

记 ∨ 70 号 日期：2022-03-31 亲，按回车键，能快速选择单元格哟！ 附单据 □ 张 附件 备注 ⓘ

摘要	会计科目	借方金额 亿千百十万千百十元角分	贷方金额 亿千百十万千百十元角分
3月 结转损益	6001 主营业务收入_13 A类尼龙混纺弹力针织布	1 1 4 8 8 5 0 0 0	
3月 结转损益	6001 主营业务收入_14 B类尼龙混纺弹力针织布	1 1 3 8 1 3 4 0 0	
3月 结转损益	6111 投资收益	1 8 4 0 8 5 6 6	
3月 结转损益	6301005 营业外收入-罚款收入	5 0 0 0 0	
3月 结转损益	4103 本年利润		2 1 1 0 8 4 9
3月 结转损益	6401 主营业务成本_11 A类棉混纺针织布		4 5 4 4 9 2 3 5
3月 结转损益	6401 主营业务成本_12 B类棉混纺针织布		6 1 5 7 7 6 0 0
3月 结转损益	6401 主营业务成本_13 A类尼龙混纺弹力针织布		7 5 4 8 4 8 5 0
3月 结转损益	6401 主营业务成本_14 B类尼龙混纺弹力针织布		7 8 1 7 0 4 3 6
3月 结转损益	6403001 税金及附加-城市维护建设税		1 7 1 3 8 6 5
3月 结转损益	6403002 税金及附加-教育费附加		7 3 4 5 1 4
3月 结转损益	6403003 税金及附加-地方教育费附加		4 8 9 6 7 6
3月 结转损益	6601001 销售费用-销售人员职工薪酬		8 7 7 5 8 0 0
3月 结转损益	6601005 销售费用-水电费		4 8 4 0 0
3月 结转损益	6601007 销售费用-折旧费		4 0 0 0 0
3月 结转损益	6601011 销售费用-运输费		2 1 0 0 0 0 0
3月 结转损益	6601013 销售费用-包装费		1 0 8 5 6 0 0
3月 结转损益	6601015 销售费用-广告费		3 0 0 0 0 0 0
3月 结转损益	6601017 销售费用-职工教育经费		8 0 0 0 0
3月 结转损益	6602001 管理费用-管理人员职工薪酬		1 3 4 8 0 6 8 0
3月 结转损益	6602002 管理费用-业务招待费		3 5 0 0 0 0
3月 结转损益	6602003 管理费用-修理费		8 0 0 0 0 0

图 4-2-7（续）

		期末结转		

期末处理　反结账

第 2 步：结转损益　　　　　　　　　　　　　　　　　　　　　　　□ 分开结转损益

记　70　号　日期：2022-03-31　　亲，按回车键，能快速选择单元格哟！　附单据　　　张　附件　备注　⑦

摘要	会计科目	借方金额	贷方金额
		亿千百十万千百十元角分	亿千百十万千百十元角分
3月 结转损益	6602004 管理费用-办公费		3 0 0 0 0 0
3月 结转损益	6602005 管理费用-水电费		2 7 5 6 6 0
3月 结转损益	6602006 管理费用-差旅费		2 9 5 5 4 3
3月 结转损益	6602007 管理费用-折旧费		6 5 2 8 0 0
3月 结转损益	6602008 管理费用-摊销费		1 2 9 1 6 6 7
3月 结转损益	6602010 管理费用-研究费用		3 1 2 4 0 0
3月 结转损益	6602013 管理费用-职工教育经费		1 2 0 0 0 0
3月 结转损益	6602014 管理费用-通信费		4 7 5 0 0 0
3月 结转损益	6602015 管理费用-车辆费用		2 0 0 0 0 0
3月 结转损益	6602016 管理费用-盈亏		1 5 7 2 9 6
3月 结转损益	6603001 财务费用-利息费用		6 1 2 0 0 0
3月 结转损益	6603004 财务费用-现金折扣		2 1 6 3 1 5 9
3月 结转损益	6603005 财务费用-利息收入		2 8 5 5 0 0
3月 结转损益	6711003 营业外支出-捐赠支出		2 0 0 0 0 0 0
3月 结转损益	6711013 营业外支出-债务重组损失		8 3 0 0 0 0 0
3月 结转损益	6801 所得税费用		8 4 5 5 4 9 3 6
合计：叁佰玖拾陆万玖仟壹佰陆拾肆元陆角陆分		3 9 6 9 1 6 4 6 6	3 9 6 9 1 6 4 6 6

制单人：会计002

保存凭证　　取消

图 4-2-7（续）

（3）单击"保存凭证"按钮，自动生成并保存凭证。

【温馨提示】
此时在首页菜单中，依次单击"凭证"→"查看凭证"，则能看到已生成计提所得税的凭证（记 70 号凭证），如图 4-2-8 所示。

摘要	科目	借方金额	贷方金额
日期：2022-3-31　凭证字号：记-70　附件：0			
3月 结转损益	6001 主营业务收入_11A类棉混纺针织布	651,195.00	
3月 结转损益	6001 主营业务收入_12B类棉混纺针织布	846,400.00	
3月 结转损益	6001 主营业务收入_13A类尼龙混纺弹力针织布	1,148,850.00	
3月 结转损益	6001 主营业务收入_14B类尼龙混纺弹力针织布	1,138,134.00	
3月 结转损益	6111 投资收益	184,085.66	
3月 结转损益	6301005 营业外收入-罚款收入	500.00	
3月 结转损益	4103 本年利润		21,108.49
3月 结转损益	6401 主营业务成本_11A类棉混纺针织布		454,492.35
3月 结转损益	6401 主营业务成本_12B类棉混纺针织布		615,776.00
3月 结转损益	6401 主营业务成本_13A类尼龙混纺弹力针织布		754,848.50
3月 结转损益	6401 主营业务成本_14B类尼龙混纺弹力针织布		781,704.36
3月 结转损益	6403001 税金及附加-城市维护建设税		17,138.65
3月 结转损益	6403002 税金及附加-教育费附加		7,345.14
3月 结转损益	6403003 税金及附加-地方教育费附加		4,896.76
3月 结转损益	6601001 销售费用-销售人员职工薪酬		87,758.00
3月 结转损益	6601005 销售费用-水电费		484.00
3月 结转损益	6601007 销售费用-折旧费		400.00
3月 结转损益	6601011 销售费用-运输费		21,000.00
3月 结转损益	6601013 销售费用-包装费		10,856.00
3月 结转损益	6601015 销售费用-广告费		30,000.00
3月 结转损益	6601017 销售费用-职工教育经费		800.00
3月 结转损益	6602001 管理费用-管理人员职工薪酬		134,806.80
3月 结转损益	6602002 管理费用-业务招待费		3,500.00
3月 结转损益	6602003 管理费用-修理费		8,000.00
3月 结转损益	6602004 管理费用-办公费		3,000.00
3月 结转损益	6602005 管理费用-水电费		2,756.60
3月 结转损益	6602006 管理费用-差旅费		2,955.43
3月 结转损益	6602007 管理费用-折旧费		6,528.00
3月 结转损益	6602008 管理费用-摊销费		12,916.67
3月 结转损益	6602010 管理费用-研究费用		3,124.00
3月 结转损益	6602013 管理费用-职工教育经费		1,200.00
3月 结转损益	6602014 管理费用-通信费		4,750.00
3月 结转损益	6602015 管理费用-车辆费用		2,000.00
3月 结转损益	6602016 管理费用-盈亏		1,572.96
3月 结转损益	6603001 财务费用-利息费用		6,120.00
3月 结转损益	6603004 财务费用-现金折扣		21,631.59
3月 结转损益	6603005 财务费用-利息收入		-2,855.00
3月 结转损益	6711003 营业外支出-捐赠支出		20,000.00
3月 结转损益	6711013 营业外支出-债务重组损失		83,000.00
3月 结转损益	6801 所得税费用		845,549.36
合计	叁佰玖拾陆万玖仟壹佰陆拾肆元陆角陆分	3,969,164.66	3,969,164.66

图 4-2-8

【工作实例 4-3】核对总账

（1）在首页菜单中，依次单击"资金"→"核对总账"，打开"核对总账"页面，如图 4-2-9 所示。

		核对总账				
2022年3月 ▼					打印	导出
账户：所有						
项目	名称	币别	期初余额	借方(收入)	贷方(支出)	余额
▼ 库存现金						
会计科目	库存现金	人民币	9,268.64	20,500.00	9,576.28	20,192.36
资金账户	现金	人民币	9,268.64	20,500.00	9,576.28	20,192.36
差异						
▼ 建设银行合肥经开支行						
会计科目	建设银行合肥经开支行	人民币	1,216,688.16	3,255,927.91	2,791,208.43	1,681,407.64
资金账户	建设银行合肥经开支行	人民币	1,216,688.16	3,255,927.91	2,791,208.43	1,681,407.64
差异						
▼ 建设银行合肥明珠广场支行						
会计科目	建设银行合肥明珠广场支行	人民币	172,800.00	300,755.00	76,442.50	397,112.50
资金账户	建设银行合肥明珠广场支行	人民币	172,800.00	300,755.00	76,442.50	397,112.50
差异						

显示1到9，共9记录　　　　　　　　　　　　　　20 ▼ 　第 1 共1页

图 4-2-9

（2）经核对，无误。

二、结账处理

结账

【工作实例 4-4】对合肥市美嘉针织有限公司 2022 年 3 月的账目进行结账处理

（1）结转完损益后，单击"下一步"按钮，进入第 3 步：结账，显示存在未审核凭证，"结账"按钮呈灰白色，不能操作，如图 4-2-10 所示。

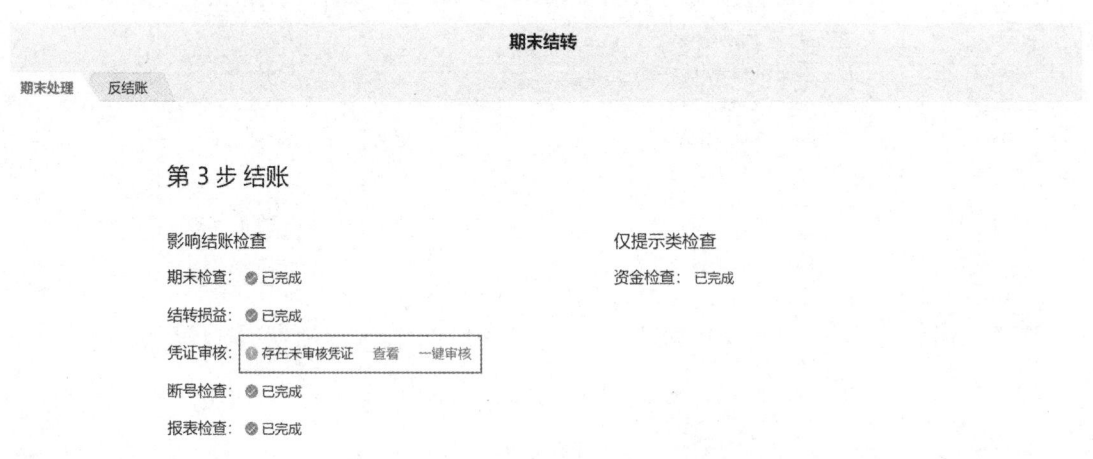

期末结转

期末处理　反结账

第 3 步 结账

影响结账检查　　　　　　　　　　　　仅提示类检查
期末检查：● 已完成　　　　　　　　　　资金检查：● 已完成
结转损益：● 已完成
凭证审核：❶ 存在未审核凭证　查看　一键审核
断号检查：● 已完成
报表检查：● 已完成

上一步　重新检查　结账

图 4-2-10

（2）单击"一键审核"按钮进行凭证审核，完成后，"结账"按钮呈可操作状态，再单击"结账"按钮，如图 4-2-11 所示。

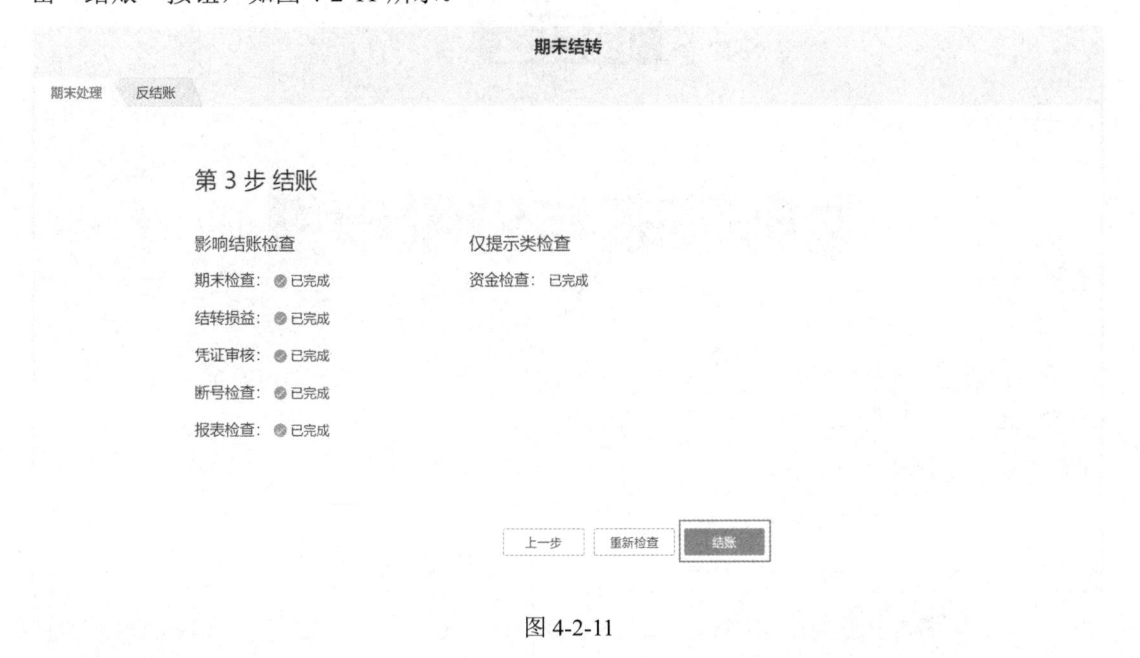

图 4-2-11

（3）顺利完成结账。

【温馨提示】
　　期末处理第 3 步显示的项目必须全部完成才能够进行结账，否则"结账"按钮显示灰白色，无法进行结账。

项目总结

　　本项目借助柠檬云财务软件，选取了企业有代表性的典型业务，系统介绍了日常经济业务的核算及其操作步骤。通过学习，同学们既能够直观了解企业会计业务流程，又能够学会使用会计云平台工具进行业务处理操作。

　　恭喜同学们经过努力完成了合肥市美嘉针织有限公司日常经济业务的核算，看着自己完成的会计凭证一定觉得很有成就感吧！在实训过程中，我们要以严谨认真的职业态度，爱岗敬业、乐于奉献的职业精神完成我们的工作。作为会计岗位人员不仅要了解诚实守信在会计核算中的重要性，也要更加深刻认识法治社会财务人员依法建账的必要性。

　　同学们，学到这里我们的财务工作并没有结束，企业期末还要编制相关的财务报告，并进行纳税申报，所以让我们在扎实掌握企业日常经济业务核算的基础上，为后续进行财务报表编制与分析及纳税申报工作做好准备吧！

项目五

财务报表与纳税申报

学习目标

知识目标： 了解财务报表组成；
了解应纳增值税和企业所得税的核算。

能力目标： 掌握利用柠檬云财务软件智能化处理财务报表；
掌握利用柠檬云财务软件进行纳税申报；
掌握利用柠檬云财务软件进行财务数据分析。

素养目标： 遵守会计法律制度要求，规范编制财务报表，发扬奉献精神，增强法制观念；
依法依规进行纳税申报，诚信纳税，自觉维护社会公平、正义；
学会分析财务数据，增强服务意识，争做模范先锋。

项目引例

合肥市美嘉针织有限公司已经通过柠檬云财务软件对公司2022年3月份的日常经济业务进行核算，并进行了期末业务处理。为了提升财务工作效率，我们还可以通过柠檬云财务软件生成企业的资产负债表、利润表和现金流量表，并进行纳税申报和财务分析。

思考：

（1）什么是财务报表？
（2）完整的财务报表包括什么？
（3）如何通过柠檬云财务软件生成财务报表？
（4）如何通过柠檬云财务软件进行纳税申报？

带着这些问题，让我们进行本项目的学习。

项目五 财务报表与纳税申报

任务一 财务报表编制与分析

任务导言

财务报表是对企业财务状况、经营成果和现金流量的结构性表述。一套完整的财务报表至少应当包括"四表一注",即资产负债表、利润表、现金流量表、所有者权益变动表和附注。

财务报表的种类、格式、编报要求,会计制度已作出统一规定,企业必须按要求定期编报。

按照国家统一的会计制度要求,根据登记完整、核对无误的会计账簿和其他有关资料编制财务报表,编制时必须做到数字真实、计算准确、内容完整、报送及时、手续完备。

1. 数字真实

财务报表中的各项数据必须真实可靠,要如实地反映企业的财务状况、经营成果和现金流量。这是保证会计信息质量的基本要求。

2. 计算准确

日常的会计核算及财务报表编制,涉及大量的数字计算,只有计算准确,才能保证数字的真实可靠。这就要求财务报表的编制必须以核对无误的账簿记录和其他有关资料为依据,不能使用估计或推算的数据,更不能以任何方式弄虚作假,玩数字游戏或隐瞒谎报。

3. 内容完整

财务报表应当反映企业经济活动的全貌,只有全面反映企业的财务状况和经营成果,才能满足各方面对会计信息的需要。凡是国家要求提供的财务报表,各企业必须全部进行编制并报送,不得漏编和漏报;凡是国家统一要求披露的信息,都必须披露。

4. 报送及时

及时性是会计信息质量的基本要求,只有及时地将财务报表信息传递给信息使用者,报表才能为使用者的决策提供依据。否则,即使是真实可靠、内容完整的财务报表,但由于编制或报送的不及时,对使用者来说,大大降低了使用价值。

5. 手续完备

企业对外提供的财务报表应加具封面并装订成册,加盖公章。应当在财务报表封面上注明:企业名称、企业统一代码、组织形式、地址、报表所属年度或月份、报出日期,并由企业负责人和主管会计工作的负责人或会计机构负责人(会计主管人员)签名并盖章;设置总会计师的企业,还应当由总会计师签名并盖章。

由于编制财务报表的直接依据是会计账簿,所有报表的数据都来源于会计账簿,因此为保证财务报表数据的正确性,编制报表之前必须做好对账和结账工作,做到账证相符、账账相符、账实相符以保证报表数据的真实和准确。

一、资产负债表编制与分析

资产负债表是反映企业在特定日期的资产、负债及所有者权益情况的报表。为了提供比较信息,资产负债表的各项目均须填列"期末余额"和"上年年末余额"两栏数字。其中,"上年年末余额"栏内各项目的数字,可根据上年年末资产负债表"期末余额"栏相应项目的数字填列。

【工作实例 5-1】智能化处理资产负债表

合肥市美嘉针织有限公司已经完成 2022 年 3 月份的会计核算工作并且已经结账完毕,利用柠檬云财务软件自动生成 2022 年 3 月 31 日的资产负债表。

(1) 在首页菜单中,依次单击"账簿"→"总账",查看系统生成的 3 月份总账。

(2) 在首页菜单中,依次单击"账簿"→"明细账",查看系统生成的 3 月份明细账。

(3) 在首页菜单中,依次单击"账簿"→"科目余额表",查看系统生成的 3 月份科目余额表。

(4) 在首页菜单中,依次单击"报表"→"资产负债表",打开"资产负债表"页面,显示生成的 2022 年 3 月的资产负债表。

查看资产负债表,检查生成的资产负债表是否平衡。

【温馨提示】

柠檬云财务软件可根据记账凭证自动生成会计账簿,再根据会计账簿自动生产财务报表。故在生成资产负债表前,务必将本月所有经济业务的记账凭证录入系统平台中,确保无一遗漏。否则系统生成的账簿不完整,进而导致生成的财务报表出现错误。

【工作实例 5-2】手工编制资产负债表

根据柠檬云财务软件生成的会计账簿,练习编制企业 2022 年 3 月 31 日的资产负债表,并与系统平台生成的资产负债表进行核对。

资产负债表格式如图 5-1 所示。

【工作实例 5-3】资产负债表分析

1. 计算以下财务指标并分析企业的偿债能力、企业权益的结构,分析企业对债务资金的利用程度。

$$流动比率=流动资产÷流动负债$$
$$资产负债率=负债总额÷资产总额$$
$$产权比例=负债总额÷所有者权益总额$$

2. 计算以下财务指标并评价企业的资产营运能力,分析企业资产的分布情况和周转使用情况。

$$应收账款周转次数=营业收入÷平均应收账款余额$$
$$存货周转次数=营业成本÷平均存货余额$$

流动资产周转次数=营业收入÷平均流动资产总额
固定资产周转次数=营业收入÷平均固定资产净值

资产负债表

会企01

编制单位：　　　　　　　　　　　　　年　　月　　日　　　　　　　　　　　单位：元

资产	期末余额	上年年末余额	负债和所有者权益（或股东权益）	期末余额	上年年末余额
流动资产：			流动负债：		
货币资金			短期借款		
交易性金融资产			交易性金融负债		
衍生金融资产			衍生金融负债		
应收票据			应付票据		
应收账款			应付账款		
应收款项融资			预收款项		
预付款项			合同负债		
其他应收款			应付职工薪酬		
存货			应交税费		
合同资产			其他应付款		
持有待售资产			持有待售负债		
一年内到期的非流动资产			一年内到期的非流动负债		
其他流动资产			其他流动负债		
流动资产合计			流动负债合计		
非流动资产：			非流动负债：		
债权投资			长期借款		
其他债权投资			应付债券		
长期应收款			其中：优先股		
长期股权投资			永续债		
其他权益工具投资			租赁负债		
其他非流动金融资产			长期应付款		
投资性房地产			预计负债		
固定资产			递延收益		
在建工程			递延所得税负债		
生产性生物资产			其他非流动负债		
油气资产			非流动负债合计		
使用权资产			负债合计		
无形资产			所有者权益（或股东权益）：		
开发支出			实收资本（或股本）		
商誉			其他权益工具		
长期待摊费用			其中：优先股		
递延所得税资产			永续债		
其他非流动资产			资本公积		
非流动资产合计			减：库存股		
			其他综合收益		
			专项储备		
			盈余公积		
			未分配利润		
			所有者权益（或股东权益）合计		
资产总计			负债和所有者权益（或股东权益）总计		

单位负责人：　　　　　　　财会负责人：　　　　　　　复核：　　　　　　　制表人：

图 5-1

二、利润表编制与分析

利润表也称损益表，是总括反映企业在某一会计期间（如年度、季度、月度）内经营成果的报表。它是在会计凭证、会计账簿等会计资料的基础上进一步确认企业在一定会计期间经营成果的结构性表述，综合反映企业利润的实现过程及其来源和构成情况，是对企业一定会计期间经营业绩的系统总结。

为了使财务报表使用者通过不同期间企业利润的比较，判断企业经营成果的未来发展趋势，利润表主要分"本期金额"和"上期金额"两栏。

【工作实例5-4】智能化处理利润表

在首页菜单中，依次单击"报表"→"利润表"，打开"利润表"页面，即显示生成的2022年3月的利润表。

查看利润表，检查生成的利润表是否正确。

【工作实例5-5】手工编制利润表

根据柠檬云财务软件平台生成的会计账簿，练习编制企业2022年3月的利润表，并与系统平台生成的利润表进行核对。

利润表格式如图5-2所示。

【工作实例5-6】利润表分析

计算以下指标并分析企业的获利能力、企业利润目标的完成情况和盈利能力。

$$营业利润率=营业利润÷营业收入$$

$$成本费用利润率=利润总额÷成本费用总额$$

$$净资产报酬率=净利润÷平均净资产$$

三、现金流量表编制

现金流量表是反映企业在一定会计期间现金和现金等价物流入和流出的报表。它是以资产负债表和利润表等会计核算资料为依据，按照收付实现制会计基础要求对现金流量的结构性表述，揭示了企业在一定会计期间获取现金及现金等价物的能力。

现金流量表的基本结构根据"现金流入量-现金流出量=现金净流量"公式进行设计。现金流量包括现金流入量、现金流出量、现金净流量。根据企业业务活动的性质和现金流量的功能，现金流量主要可以分为三类并在现金流量表中列示，即：经营活动产生的现金流量、投资活动产生的现金流量和筹资活动产生的现金流量，每一类均分流入量、流出量和净流量三个部分分项列示。最后汇总反映企业某一会计期间现金及现金等价物的净增加额。

按照我国现行会计准则规定，企业应当采用直接法列示经营活动产生的现金流量，同时，企业应当在附注中披露将净利润调整为经营活动现金流量的信息。

现金流量表格式如图5-3所示。

利润表

会企02表

编制单位： ___年___月 单位：元

项目	本期金额	上期金额
一、营业收入		
减：营业成本		
税金及附加		
销售费用		
管理费用		
研发费用		
财务费用		
其中：利息费用		
利息收入		
加：其他收益		
投资收益（损失以"-"号填列）		
其中：对联营企业和合营企业的投资收益		
以摊余成本计量的金融资产终止确认收益（损失以"-"号填列）		
净敞口套期收益（损失以"-"号填列）		
公允价值变动收益（损失以"-"号填列）		
信用减值损失（损失以"-"号填列）		
资产减值损失（损失以"-"号填列）		
资产处置收益（损失以"-"号填列）		
二、营业利润（亏损以"-"号填列）		
加：营业外收入		
减：营业外支出		
三、利润总额（亏损总额以"-"号填列）		
减：所得税费用		
四、净利润（净亏损以"-"号填列）		
（一）持续经营净利润（净亏损以"-"号填列）		
（二）终止经营净利润（净亏损以"-"号填列）		
五、其他综合收益的税后净额		
（一）不能重分类进损益的其他综合收益		
1.重新计量设定受益计划变动额		
2.权益法下不能转损益的其他综合收益		
3.其他权益工具投资公允价值变动		
4.企业自身信用风险公允价值变动		
……		
（二）将重分类进损益的其他综合收益		
1.权益法下可转损益的其他综合收益		
2.其他债权投资公允价值变动		
3.金融资产重分类计入其他综合收益的金额		
4.其他债权投资信用减值准备		
5.现金流量套期储备		
6.外币财务报表折算差额		
……		
六、综合收益总额		
七、每股收益		
（一）基本每股收益		
（二）稀释每股收益		

单位负责人：　　　　财会负责人：　　　　复核：　　　　制表人：

图 5-2

现金流量表

编制单位：　　　　　　　　　　　　　　　　　　　　　　　年　　月　　　　　　　　　　　　　　　会企03表
单位：元

项目	本期金额	上期金额
一、经营活动产生的现金流量：		
销售商品、提供劳务收到的现金		
收到的税费返还		
收到其他与经营活动有关的资金		
经营活动现金流入小计		
购买商品、接受劳务支付的现金		
支付给职工以及为职工支付的现金		
支付的各项税费		
支付其他与经营活动有关的现金		
经营活动现金流出小计		
经营活动产生的现金流量净额		
二、投资活动产生的现金流量：		
收回投资收到的现金		
取得投资收益收到的现金		
处置固定资产、无形资产和其他长期资产收回的现金净额		
处置子公司及其他营业单位收到的现金净额		
收到其他与投资活动有关的现金		
投资活动现金流入小计		
购建固定资产、无形资产和其他长期资产支付的现金		
投资支付的现金		
取得子公司及其他营业单位支付的现金净额		
支付其他与投资活动有关的现金		
投资活动现金流出小计		
投资活动产生的现金流量净额		
三、筹资活动所产生的现金流量：		
吸收投资收到的现金		
取得借款收到的现金		
收到其他与筹资活动有关的现金		
筹资活动现金流入小计		
偿还债务支付的现金		
分配股利、利润或偿付利息支付的现金		
支付其他与筹资活动有关的现金		
筹资活动现金流出小计		
筹资活动产生的现金流量净额		
四、汇率变动对现金及现金等价物的影响		
五、现金及现金等价物净增加额		
加：期初现金及现金等价物余额		
六、期末现金及现金等价物余额		

图 5-3

【工作实例 5-5】智能化处理现金流量表

在首页菜单中，依次单击"报表"→"现金流量表"，打开"现金流量表"页面，显示生成的 2022 年 3 月 31 日的现金流量表。

查看现金流量表，检查生成的现金流量表是否正确。

> 【温馨提示】
> 可从本书线上教学资源库中,获取相关财务报表与财务指标分析结果。

任务二　纳税申报

任务导言

纳税申报是指纳税人按照税法规定的期限和内容向税务机关提交有关纳税事项书面报告的法律行为,是纳税人履行纳税义务、承担法律责任的主要依据,是税务机关税收管理信息的主要来源和税务管理的一项重要制度。

纳税人、扣缴义务人的纳税申报或者代扣代缴、代收代缴税款报告表的主要内容包括:税种、税目、应纳税项目或者应代扣代缴、代收代缴税款项目、适用税率或者单位税额、计税依据、扣除项目及标准、应纳税额或者应代扣代缴、代收代缴税额、税款所属期限等。纳税人和扣缴义务人应在其申报期限内,按纳税申报表的内容逐项如实填写,并随同规定的附报材料,做好纳税申报工作。

根据纳税义务,合肥市美嘉针织有限公司应如何完成其3月份的增值税及其附加税和企业所得税的申报呢?

纳税申报的主要内容包括综合纳税申报表、特殊税种纳税申报表和代扣代缴、代收代缴税款报告表,以及随纳税人申报表附报的财务报表和税务机关根据实际需要要求纳税人报送的其他纳税资料。纳税人和扣缴义务人在发生纳税义务和代扣代缴、代收代缴税款义务后,应在其申报期限内,按纳税申报表的内容逐项如实填写,并随同规定的附报材料,做好纳税申报工作。

一、增值税纳税申报

增值税纳税申报是指纳税人按增值税纳税申报要求,计算当期应纳增值税额,填制增值税纳税申报表及附列资料,收集并整理增值税纳税申报资料,在规定的纳税申报期内向主管税务机关报送纳税申报资料,履行增值税纳税申报义务。

增值税的纳税期限分为十日、十五日、一个月或者一个季度几种情况。纳税人的纳税期限由主管税务机关根据其应纳税额的大小进行核定。不经常发生应税交易的纳税人,可以按次纳税。

增值税纳税申报资料主要包括增值税纳税申报表及其附列资料和增值税纳税申报其他资料。

自2021年8月1日起,增值税、消费税分别与城市维护建设税、教育费附加、地方教育费附加申报表整合。

1．一般纳税人纳税申报表及其附列资料包括：

（1）《增值税纳税申报表（一般纳税人适用）》（主表）；

（2）《增值税纳税申报表附列资料（一）》（本期销售情况明细）；

（3）《增值税纳税申报表附列资料（二）》（本期进项税额明细）；

（4）《增值税纳税申报表附列资料（三）》（应税服务扣除项目明细）；

（5）《增值税纳税申报表附列资料（四）》（税额抵减情况表）；

（6）《增值税纳税申报表附列资料（五）》（附加税费情况表）；

（7）《增值税减免税申报明细表》。

2．小规模纳税申报表及其附列资料包括：

（1）《增值税纳税申报表（小规模纳税人适用）》（主表）；

（2）《增值税纳税申报表（小规模纳税人适用）附列资料（一）》（应税服务扣除项目明细）；

（3）《增值税纳税申报表（小规模纳税人适用）附列资料（二）》（附加税费情况表）。

【工作实例5-6】一键报税（增值税）

请通过柠檬云财务软件完成对合肥市美嘉针织有限公司2022年3月增值税及附加税的纳税申报。

在菜单首页中，依次单击"一键报税"→"税务申报"，弹出"提示"对话框，如图5-4所示。

图 5-4

【温馨提示】

柠檬云财务软件具备一键报税功能，但由于本书企业实训案例资料为虚拟企业资料，故无法利用柠檬云财务软件进行实际报税。

下面我们根据合肥市美嘉针织有限公司2022年3月的财务数据，学习填写部分增值税报税资料。相关资料如图5-5至图5-7所示。

增值税及附加税费申报表
（一般纳税人适用）

根据国家税收法律法规及增值税相关规定制定本表。纳税人不论有无销售额，均应按税务机关核定的纳税期限填写本表，并向当地税务机关申报。

税款所属时间：自 年 月 日 至 年 月 日　　　　填表日期：年 月 日　　　　金额单位：元（列至角分）

纳税人识别号（统一社会信用代码）：□□□□□□□□□□□□□□□□□□

纳税人名称			法定代表人姓名		注册地址		生产经营地址	
开户银行及账号			登记注册类型				电话号码	

	项目	栏次	一般项目		即征即退项目	
			本月数	本年累计	本月数	本年累计
销售额	（一）按适用税率计税销售额	1				
	其中：应税货物销售额	2				
	应税劳务销售额	3				
	纳税检查调整的销售额	4				
	（二）按简易办法计税销售额	5				
	其中：纳税检查调整的销售额	6				
	（三）免、抵、退办法出口销售额	7			--	--
	（四）免税销售额	8			--	--
	其中：免税货物销售额	9			--	--
	免税劳务销售额	10			--	--
税款计算	销项税额	11				
	进项税额	12				
	上期留抵税额	13				--
	进项税额转出	14				
	免、抵、退应退税额	15			--	--
	按适用税率计算的纳税检查应补缴税额	16			--	--
	应抵扣税额合计	17=12+13-14-15+16		--		
	实际抵扣税额	18（如17<11，则为17，否则为11）				
	应纳税额	19=11-18				
	期末留抵税额	20=17-18				--
	简易计税办法计算的应纳税额	21				
	按简易计税办法计算的纳税检查应补缴税额	22			--	--
	应纳税额减征额	23				
	应纳税额合计	24=19+21-23				
税款缴纳	期初未缴税额（多缴为负数）	25				
	实收出口开具专用缴款书退税额	26			--	--
	本期已缴税额	27=28+29+30+31				
	①分次预缴税额	28		--		
	②出口开具专用缴款书预缴税额	29			--	--
	③本期缴纳上期应纳税额	30				
	④本期缴纳欠缴税额	31				
	期末未缴税额（多缴为负数）	32=24+25+26-27				
	其中：欠缴税额（≥0）	33=25+26-27			--	--
	本期应补(退)税额	34=24-28-29		--		
	即征即退实际退税额	35	--	--		
	期初未缴查补税额	36			--	--
	本期入库查补税额	37			--	--
	期末未缴查补税额	38=16+22+36-37			--	--
附加税费	城市维护建设税本期应补(退)税额	39				
	教育费附加本期应补(退)费额	40			--	--
	地方教育附加本期应补(退)费额	41			--	--

声明：此表是根据国家税收法律法规及相关规定填写的，本人（单位）对填报内容（及附带资料）的真实性、可靠性、完整性负责。

　　　　　　　　　　　　　　　　　　　　　　　　　　纳税人（签章）：　　　　年 月 日

经办人：		
经办人身份证号：	受理人：	
代理机构签章：	受理税务机关（章）：	受理日期： 年 月 日
代理机构统一社会信用代码：		

图 5-5

增值税及附加税费申报表附列资料（一）

（本期销售情况明细）

税款所属时间：　年　月　日至　年　月　日

纳税人名称：（公章）

金额单位：元（列至角分）

项目及栏次			开具增值税专用发票		开具其他发票		未开具发票		纳税检查调整		合计			服务、不动产和无形资产扣除项目本期实际扣除金额	扣除后	
			销售额	销项（应纳）税额	销售额	销项（应纳）税额	销售额	销项（应纳）税额	销售额	销项（应纳）税额	销售额	销项（应纳）税额	价税合计		含税（免税）销售额	销项（应纳）税额
			1	2	3	4	5	6	7	8	9=1+3+5+7	10=2+4+6+8	11=9+10	12	13=11-12	14=13÷(100%+税率或征收率)×税率或征收率
一、一般计税方法计税	全部征税项目	13%税率的货物及加工修理修配劳务	1													
		13%税率的服务、不动产和无形资产	2													
		9%税率的货物及加工修理修配劳务	3													
		9%税率的服务、不动产和无形资产	4													
		6%税率	5													
	其中：即征即退项目	即征即退货物及加工修理修配劳务	6													
		即征即退服务、不动产和无形资产	7													
		6%征收率	8													
二、简易计税方法计税	全部征税项目	5%征收率的货物及加工修理修配劳务	9a													
		5%征收率的服务、不动产和无形资产	9b													
		4%征收率	10													
		3%征收率的货物及加工修理修配劳务	11													
		3%征收率的服务、不动产和无形资产	12													
		预征率　%	13a													
		预征率　%	13b													
		预征率　%	13c													
	其中：即征即退项目	即征即退货物及加工修理修配劳务	14													
		即征即退服务、不动产和无形资产	15													
三、免抵退税		货物及加工修理修配劳务	16													
		服务、不动产和无形资产	17													
四、免税		货物及加工修理修配劳务	18													
		服务、不动产和无形资产	19													

图 5-6

增值税及附加税费申报表附列资料（二）

（本期进项税额明细）

税款所属时间：　　年　　月　　日至　　年　　月　　日

纳税人名称：（公章）　　　　　　　　　　　　　　　　　　　　　　　　金额单位：元（列至角分）

一、申报抵扣的进项税额				
项目	栏次	份数	金额	税额
（一）认证相符的增值税专用发票	1=2+3			
其中：本期认证相符且本期申报抵扣	2			
前期认证相符且本期申报抵扣	3			
（二）其他扣税凭证	4=5+6+7+8a+8b			
其中：海关进口增值税专用缴款书	5			
农产品收购发票或者销售发票	6			
代扣代缴税收缴款凭证	7		——	
加计扣除农产品进项税额	8a	——	——	
其他	8b			
（三）本期用于购建不动产的扣税凭证	9			
（四）本期用于抵扣的旅客运输服务扣税凭证	10			
（五）外贸企业进项税额抵扣证明	11	——	——	
当期申报抵扣进项税额合计	12=1+4+11			

二、进项税额转出额		
项目	栏次	税额
本期进项税额转出额	13=14至23之和	
其中：免税项目用	14	
集体福利、个人消费	15	
非正常损失	16	
简易计税方法征税项目用	17	
免抵退税办法不得抵扣的进项税额	18	
纳税检查调减进项税额	19	
红字专用发票信息表注明的进项税额	20	
上期留抵税额抵减欠税	21	
上期留抵税额退税	22	
异常凭证转出进项税额	23a	
其他应作进项税额转出的情形	23b	

三、待抵扣进项税额				
项目	栏次	份数	金额	税额
（一）认证相符的增值税专用发票	24	——	——	——
期初已认证相符但未申报抵扣	25			
本期认证相符且本期未申报抵扣	26			
期末已认证相符但未申报抵扣	27			
其中：按照税法规定不允许抵扣	28			
（二）其他扣税凭证	29=30至33之和			
其中：海关进口增值税专用缴款书	30			
农产品收购发票或者销售发票	31			
代扣代缴税收缴款凭证	32		——	
其他	33			
	34			

四、其他				
项目	栏次	份数	金额	税额
本期认证相符的增值税专用发票	35			
代扣代缴税额	36	——	——	

图 5-7

二、企业所得税纳税申报

《中华人民共和国企业所得税法》第五十四条规定，企业所得税分月或者分季预缴。企业应当自月份或者季度终了之日起十五日内，向税务机关报送预缴企业所得税纳税申报表，预缴税款。企业应当自年度终了之日起五个月内，向税务机关报送年度企业所得税纳税申报表，并汇算清缴，结清应缴应退税款。

【工作实例 5-7】一键报税（企业所得税）

根据合肥市美嘉针织品有限公司 2022 年 3 月的财务数据，该公司要履行企业所得税纳税义务，请在柠檬云财务软件完成合肥市美嘉针织有限公司 2022 年 3 月企业所得税的纳税申报。

在首页菜单中，依次单击"一键报税"→"税务申报"，打开"税务申报"对话框，选择"企业所得税"选项卡进行申报。由于本书企业实训案例资料为虚拟企业资料，故无法利于柠檬云财务软件进行实际报税。

下面我们练习填写企业所得税月（季）度预缴纳税申报表（A 类），如图 5-8 所示。

中华人民共和国企业所得税月（季）度预缴纳税申报表（A 类）

税款所属期间：2022 年 01 月 01 日至 2022 年 03 月 31 日

纳税人识别号（统一社会信用代码）：91340300682535479W

纳税人名称：合肥市美嘉针织有限公司　　　　　　　　　　　金额单位：人民币元（列至角分）

预缴方式	□ 按照实际利润额预缴		□ 按照上一纳税年度应纳税所得额平均额预缴		□ 按照税务机关确定的其他方法预缴	
企业类型	□ 一般企业		□ 跨地区经营汇总纳税企业总机构		□ 跨地区经营汇总纳税企业分支机构	
按季度填报信息							
项目	一季度		二季度		三季度		四季度		季度平均值
	季初	季末	季初	季末	季初	季末	季初	季末	
从业人数									
资产总额（万元）									
国家限制或禁止行业	□ 是		□ 否			小型微利企业		□ 是	□ 否
预缴税款计算							
行次	项目							本年累计金额
1	营业收入							
2	营业成本							
3	利润总额							
4	加：特定业务计算的应纳税所得额							
5	减：不征税收入							
6	减：免税收入、减计收入、所得减免等优惠金额（填写 A201010）							

图 5-8

7	减：资产加速折旧、摊销（扣除）调减额（填写A201020）	
8	减：弥补以前年度亏损	
9	实际利润额（3+4-5-6-7-8）\ 按照上一纳税年度应纳税所得额平均额确定的应纳税所得额	
10	税率(25%)	25%
11	应纳所得税额（9×10）	
12	减：减免所得税额（填写A201030）	
13	减：实际已缴纳所得税额	0
14	减：特定业务预缴（征）所得税额	0
L15	减：符合条件的小型微利企业延缓缴纳所得税额（是否延缓缴纳所得税 □ 是 □ 否）	
15	本期应补（退）所得税额（11-12-13-14-L15）\ 税务机关确定的本期应纳所得税额	
汇总纳税企业总分机构税款计算		
16	总机构填报	总机构本期分摊应补（退）所得税额（17+18+19）	
17		其中：总机构分摊应补（退）所得税额（15×总机构分摊比例__%）	
18		财政集中分配应补（退）所得税额（15×财政集中分配比例__%）	
19		总机构具有主体生产经营职能的部门分摊所得税额（15×全部分支机构分摊比例__%×总机构具有主体生产经营职能部门分摊比例__%）	
20	分支机构填报	分支机构本期分摊比例	
21		分支机构本期分摊应补（退）所得税额	
附报信息				
---	---	---	---	---
高新技术企业	□ 是 □ 否	科技型中小企业	□ 是 □ 否
技术入股递延纳税事项	□ 是 □ 否		

谨声明：本纳税申报表是根据国家税收法律法规及相关规定填报的，是真实的、可靠的、完整的。

纳税人（签章）： 年 月 日

经办人：	受理人：
经办人身份证号：	受理税务机关（章）：
代理机构签章：	受理日期： 年 月 日
代理机构统一社会信用代码：	

国家税务总局监制

图 5-8（续）

项目总结

　　财务云软件能通过云端，高效生成财务报表，具备一键报税、银企互联等功能，从而提升财务服务工作的质量和效率。其数据共享功能，可帮助财务部门收集公司各部门、各阶段、各因素出现的财务数据变动，真正实现了财务全面动态管理。此外，不断增强的财务管理、服务和监控能力，可帮助企业实现战略转型，同时将财务人员从烦琐的核算业务中解放出来，实现其从核算会计向管理会计方向的转型。